EDAF

MADRID - MÉXICO - BUENOS AIRES - SAN JUAN

EDAF
MADRID - MÉXICO - BUENOS AIRES - SAN JUAN

FEDERICO GARCÍA LORCA

YERMA

DOÑA ROSITA LA SOLTERA
O EL LENGUAJE DE LAS FLORES

Edición de PEDRO PROVENCIO

Director de la colección:
MELQUÍADES PRIETO

Diseño de portada:
GERARDO DOMÍNGUEZ

© 2002. Herederos de Federico García Lorca.
© 2002. De esta edición, Editorial EDAF, S. A.

Editorial Edaf, S. A. Jorge Juan, 30. 28001 Madrid
http://www.edaf.net
edaf@edaf.net

Edaf y Morales, S. A.
Oriente, 180, n.º 279. Colonia Moctezuma, 2da. Sec.
15530 México D. F.
http://www.edaf-y-morales.com.mx
edaf@edaf-y-morales.com.mx

Edaf del Plata, S. A.
Lavalle, 1646, 7.º, oficina 21
1048 Buenos Aires, Argentina
edafal1@interar.com.ar

Edaf Antillas, Inc.
Av. J. T. Piñero, 1594
Caparra Terrace
San Juan, P. Rico (00921-1413)
forza@coqui.net

Julio 2002

Depósito legal: M. 31.894-2002
I.S.B.N.: 84-414-1125-5

PRINTED IN SPAIN   IMPRESO EN ESPAÑA
Closas-Orcoyen, S. L. - Pol. Ind. Igarsa - Paracuellos de Jarama (Madrid)

Índice

ॐ

	Págs.

Introducción 9

1. La época de Federico García Lorca 9
2. Un creador infatigable 11
3. La obra teatral de Lorca 14
4. Dos poemas para teatro 21
5. *Yerma* 25
6. *Doña Rosita la soltera o El lenguaje de las flores* 38
7. La presente edición 50

Lorca y su época 53

Bibliografía 77

YERMA 79

DOÑA ROSITA LA SOLTERA O EL LENGUAJE DE LAS FLORES 147

Introducción

❧

1. La época de Federico García Lorca

E L PRIMER TERCIO del siglo XX fue especialmente
fértil para la cultura española. El país que inició
aquel siglo, todavía condicionado por reflejos de noble-
za fantasmal y rivalidades castizas, se fue liberando de
corazas tradicionales y consiguió generar una amplia
base social de mentalidad avanzada que dio a luz en
1931 una de las Repúblicas más progresistas de Europa.
En aquel itinerario ascendente —que coincide con la
vida de Federico García Lorca (1898-1936)—, la sociedad española adquirió una mayoría de edad cultural
solo comparable con la del siglo XVI: en música, en
filosofía, en artes plásticas, en jurisprudencia o en literatura nuestro país se situó a niveles homologables con
los de cualquier país desarrollado, y por primera vez en
mucho tiempo los intelectuales españoles elaboraban
sus obras sin ningún tipo de complejos.

Solo la irracionalidad de la guerra y la crueldad de
la posguerra —prolongada, por lo menos para la libertad de creación, hasta cuarenta años después— pudieron
interrumpir un proceso que ya daba frutos tan granados

9

como la pujante escuela de filosofía formada alrededor de Ortega y Gasset, la difusión generosa del saber impulsada por la Institución Libre de Enseñanza o la ley que reconocía el voto femenino en España antes que en otros países de nuestro entorno.

Por lo que se refiere a la literatura, los años veinte y treinta del siglo pasado se consideran hoy como una Edad de Plata cuyos principales representantes forman el plantel de clásicos más inmediatos de nuestra historia. Para la mayoría de ellos, la guerra civil supuso la conclusión —a veces precipitada por los acontecimientos— de su trayectoria vital (Valle-Inclán, Unamuno, Antonio Machado) o la desviación forzada del rumbo hasta entonces seguido libremente: en unos casos, por verse forzados al exilio (Juan R. Jiménez, Ramón Gómez de la Serna, Pedro Salinas, Jorge Guillén, Emilio Prados, Luis Cernuda, Rafael Alberti, Francisco Ayala, Max Aub, etc.), y en otros, por una situación de libertad vigilada próxima a la automarginación discreta (Dámaso Alonso, Vicente Aleixandre). Los jóvenes escritores, que antes de la guerra contaban con una altísima plataforma de ideas y estilos desde donde evolucionar, se vieron tres años después huérfanos de sus principales maestros. Pero, con todo, quienes más dramáticamente sufrieron las consecuencias de aquella contienda fueron los asesinados en plena etapa de despliegue de sus facultades creadores como José María Hinojosa, fusilado en Málaga por apoyar la rebelión militar, o Federico García Lorca, cuyo delito no ha sido nunca tipificado.

2. Un creador infatigable

La vida de Lorca ilustra bien el itinerario expansivo de la sociedad española de aquel tiempo. Nacido en el seno de una familia suficientemente acomodada de la vega granadina (Fuente Vaqueros), pudo cursar estudios medios y universitarios, al igual que sus hermanos. Su padre, un hacendado de mediana fortuna, fue un hombre de ideas liberales relacionado con lo más avanzado de la sociedad granadina.

Sin embargo, Granada no dejaba de ser una provincia donde las ideas rectoras seguían siendo las propias del tradicionalismo intolerante. El joven Lorca, mal alumno y gran lector, iniciado en música, en poesía, en teatro y en francachelas bohemias, se vio pronto limitado por la estrechez de aquel ambiente que tan bien reflejaría en *Doña Rosita la soltera*. En 1919, con el beneplácito de su familia, se trasladó a Madrid y se instaló en la Residencia de Estudiantes (organizada con los criterios pedagógicos de la Institución Libre de Enseñanza), donde conocería y trataría durante años a jóvenes prometedores como Luis Buñuel o Salvador Dalí.

Desde entonces, Lorca se dedicó a escribir poesía y teatro con el entusiasmo de quien sabía que ese era su camino y con la seguridad creciente que le proporcionaba el ambiente intelectual madrileño, cada día más rico y complejo. En Madrid asistía a estrenos de dramaturgos ya clásicos (Benavente, Valle-Inclán, Arniches), hablaba con poetas consagrados (Juan R. Jiménez), conocía a gentes de teatro como Ricardo Martínez Sierra, Margarita Xirgu o Cipriano Rivas Cherif, se entusiasmaba por el cine o se relacionaba con críticos, periodistas y profesores. Algunos de sus romances gitanos circulaban aprendidos de memoria antes de ser editados, y sus primeros estrenos teatrales (*El maleficio de la mariposa*, *Mariana Pineda*), sin ser todavía obras totalmente granadas, reflejaban ya una vocación ineludible y una voluntad sin desfallecimientos.

Precisamente el rasgo más sólido —y quizá el menos comentado— de su personalidad fue su tesón, su trabajo permanente y lúcido, su autocrítica no paralizadora sino estimulante. Esa virtud de creador inconforme consigo mismo explica por qué de un estreno a otro —o de un libro de poemas a otro— no se repitió nunca en busca de fórmulas de éxito fácil.

A finales de los años veinte era ya un poeta reconocido —había publicado *Libro de poemas* (financiado por su padre), *Canciones* y *Romancero gitano*— y un dramaturgo que, si bien solo había estrenado las dos piezas antes citadas, tenía escritas o en avanzado proceso de escritura *Tragicomedia de Don Cristóbal y la señá Rosita*, *La zapatera prodigiosa*, varios *Diálogos* breves de carácter vanguardista y *Amor de don Perlimplín con Belisa en su jardín*, cuyo estreno fue prohibido por la censura en 1929. Fue entonces cuando, aquejado de una crisis emocional, decidió alejarse de su entorno aprovechando la oportunidad que se le presentó de viajar a Nueva York en compañía del profesor Fernando de los Ríos y otros amigos.

En Nueva York siguió escribiendo sin descanso y siguió siendo el mal estudiante de siempre, pues no aprendió nada de inglés, él que admiraba tanto a Shakespeare. Fue una temporada especialmente sombría, pero a su vuelta a España hizo en Cuba una escala de tres meses que le devolvió el buen humor y la confianza en sí mismo. Como cosecha literaria, tras menos de un año de viaje, a su llegada a la «Resi» contaba con abundantes poemas nuevos, con escenas de varias piezas teatrales iniciadas a la vez y con multitud de proyectos escénicos.

Los años de la Segunda República coincidieron con los de la consagración pública de nuestro dramaturgo y poeta. Los estrenos de *La zapatera prodigiosa* (1930), *Bodas de sangre* (1933), *Yerma* (1934) y *Doña Rosita la soltera* (1935), más la representación en sesión «de cámara» de *Amor de don Perlimplín* (1933), le fueron granjeando un éxito creciente que, ya a las puertas de la guerra, lo había lanzado a la peligrosa palestra del «dominio» público. A la vez que contaba ya con espectadores y lectores incondicionales, Lorca era objeto de las invectivas de la crítica conservadora, que, a partir del triunfo de la derecha en las elecciones de 1933, intensificó sus ataques contra quien consideraba por tantos motivos un blanco ideal: homosexual, provinciano, amigo de izquierdistas y masones, etc. Su viaje a Buenos Aires —entre 1933 y 1934—, donde promocionó con éxito su teatro, y la calurosa acogida popular de la compañía de teatro universitario «La Barraca», dirigida por Lorca mientras Fernando de los Ríos fue ministro de la República, no hicieron más que enconar los odios contra él.

Lorca era sin duda una figura representativa de aquella nueva clase dirigente que ensombrecía a «la España de siempre» —la católica y reaccionaria— desde las más diversas atalayas de la sociedad: la universidad, la prensa, el espectáculo, la edición, etc. Mientras el ambiente político-social se iba polarizando y agriando violentamente, cualquier actividad cultural suponía una toma de partido, y Lorca, como tantos otros, no ocultó sus simpatías por quienes ganaron legítimamente las elecciones en febrero de 1936. A partir de entonces, los rumores de la conspiración se intensificaron. Días antes de la rebelión militar, Lorca hizo uno de tantos viajes en tren de Madrid a Granada —para celebrar una fiesta familiar— sin poder imaginar que sería el último. Un mes después, el menos beligerante de los granadinos fue detenido por paisanos armados al servicio de los militares rebeldes, y fue asesinado en una fecha indeterminada, muy probablemente entre el 17 y el 18 de agosto. La prueba de que los autores de aquel crimen eran conscientes de su propia vileza es que enterraron el cadáver procurando —y consiguiendo, por cierto— que nunca fuera recuperado.

3. La obra teatral de Lorca

La trayectoria teatral de Lorca no fue uniforme ni respondía a un solo plan. Mientras estrenaba una farsa tradicional de humor salpicante como *La zapatera pro-digiosa*, escribía escenas dramáticas de *El público*, una pieza de «teatro imposible» en la que se puede atisbar ya la dramaturgia vanguardista europea de los años cincuenta. Debemos considerar que, a la hora de producir teatro, Lorca se sentía obligado a cuidar su estrategia de presentación ante el público, lo que le obligaba a avanzar externamente en un sentido mientras sus carpetas se llenaban de proyectos o incluso de obras enteras dirigidas en sentidos diferentes. Especialmente sus últimos años de actividad fueron también los de su acceso al primer plano de la vida pública, y es entonces cuando podemos observar cómo su tarea de escritor se va imponiendo a las demandas del público sin renunciar a sus íntimas necesidades expresivas. De ahí que su muerte resulte doblemente cruel, pues, junto a una vida en plena madurez, vino a cercenar en su momento de máxima expansión una carrera creativa especialmente vitalista.

Siempre teniendo en cuenta esas circunstancias, podemos ordenar la producción teatral de Lorca en cuatro apartados: *a)* farsas (para muñecos o para actores), *b)* «crónicas granadinas», *c)* teatro experimental o «imposible» y *d)* grandes dramas. (Dejamos fuera de esta clasificación *El maleficio de la mariposa*, obra claramente primeriza de un autor en ciernes.)

a) El teatro de farsa y marionetas era muy del gusto de Lorca. En él se inició cuando era niño y organizaba funciones de muñecos para sus hermanos y amigos. Las piezas de guiñol le ofrecían las ventajas de la versatilidad propia de un género antiquísimo, entroncado

15

con costumbres populares, capaz de acoger la risa junto a las lágrimas y la reflexión en clave humorística. Por eso encontramos en este apartado piececillas escritas para marionetas a la manera clásica de «los títeres de don Cristobicas», con sus inocentes truculencias y sus chascarrillos, y otras que, partiendo de esos personajes populares y abocetados, están escritas para actores y cuentan entre las más exquisitas de toda la obra lorquiana. Las primeras son *Los títeres de Cachiporra, Tragicomedia de don Cristóbal y la señá Rosita* y *Retablillo de don Cristóbal*. Ambas tratan el tema del amor imposible entre una joven apasionada y un hombre ya apagado, con un final dramático-burlesco que envuelve en risas inevitables el drama irresuelto de la joven frustrada. El mismo dúo de personajes forma el eje de las farsas para actores *La zapatera prodigiosa* y *Amor de don Perlimplín con Belisa en su jardín*, con la particularidad de que aquí el humor lleva una carga de erotismo descarado que hace más intenso el contraste entre la necesidad de amor (la zapatera, Belisa) y la imposibilidad de consumarlo (el zapatero, don Perlimplín). La segunda de estas piezas —que era considerada por Lorca su mejor obra— fuerza las convenciones farsescas hasta desbordarse por su costado dramático con la muerte de don Perlimplín.

Dentro de este apartado cabrían *Lola la comedianta*, el libreto de ópera que Falla rechazó sin duda por el erotismo desfachatado de la protagonista, y el juguete para marionetas *La niña que riega la albahaca y el príncipe preguntón*, que se ha perdido.

b) El ciclo de «crónicas granadinas», como él mismo las llamó, iba a estar compuesto por una serie de piezas que tuvieran como trasfondo la historia de su ciudad, la naturaleza esplendorosa que la rodea y la invade, sus personajes populares llenos de simpatía, sus costumbres estacionales, pero también —y quizá sobre todo— su ambiente inquisidor de típica provincia cerrada a cualquier relajamiento de costumbres. *Mariana Pineda* fue la primera de estas obras que subió a las tablas, en 1927, y en ella se nos ofrece el drama de la heroína local que prefirió la muerte a manos del absolutismo antes que delatar a sus correligionarios liberales. Pero desde 1924 Lorca estaba trabajando —o tenía la intención de trabajar— en *Doña Rosita la soltera*, obra cuyo personaje central es ahora una víctima de los convencionalismos provincianos, más absolutos que muchas leyes. En esta pieza, el ambiente granadino impregna la escena, como veremos, y el autor ofrece, junto a su crítica sutil de cuanto la provincia segrega de anquilosado y de injusto, un homenaje a las mejores tradiciones y costumbres de su tierra.

De *Los sueños de mi prima Aurelia* se conserva solo el primer acto. En él, Lorca hace gala de sus resortes irónicos para viviseccionar el inmovilismo provinciano. Si la hazaña de Mariana se plasmaba en un drama y el amor de Rosita en una comedia dramática, *Los sueños de mi prima Aurelia* prometía ser una brillante comedia.

c) Podríamos decir que Lorca escribió piezas «del amor oscuro», como se ha dado en titular sus sonetos,

17

y que si retrasó su estreno fue sobre todo por temor a la reacción que pudieran provocar en el público los extraños personajes que encarnaron sus inquietudes más personales. De ahí que él calificara estas piezas de «imposibles». Sin duda, Lorca tenía necesidad de abrirse camino en el ambiente teatral, ya que esa era su única posibilidad de ganarse la vida, y reservó sus piezas más difíciles de representar para el momento en que su reputación como dramaturgo ya no pudiera decaer. Parece ser que vio llegado ese momento, puesto que al morir quedaba dispuesta para ser representada, aunque fuera solo en las sesiones privadas del club Anfístora, *Así que pasen cinco años*, pieza que tenía escrita desde 1931. El tema del amor inviable cobra aquí el dramatismo del paso del tiempo, que el Joven experimenta como un encierro donde sus ansias de satisfacción resultan incomprensibles para aquellos a quienes él no puede satisfacer.

Si en *Así que pasen cinco años* todavía la trama sigue un hilo reconocible, en *El público* la complejidad del desarrollo parece avanzar en forma de madeja inextricable: los personajes abandonan todo parecido con la realidad para transformarse en manifestaciones distintas de una sola conciencia atormentada. Junto a ellos se desencadena una revolución teatral que incluye la del entorno de la sala y amenaza a los espectadores. Lorca puso en boca de sus personajes tanto la angustia erótica del homosexual ridiculizado que reivindica la dignidad de sus sentimientos, como sus propuestas más avanzadas de representación escénica.

En el mismo sentido se orienta *Comedia sin título*, que quedó inacabada.

Es cierto que, en alguna ocasión, Lorca habló de estos dramas como de su «verdadera obra». Debemos constatarlo así, pero sin deducir por ello que no considerase de interés el resto de su producción. Es posible que, de haber vivido, las distintas formas teatrales que practicó hubieran llegado a confluir en piezas de carácter más experimental que el de sus dramas rurales y más identificable que el de *El público*. Y no debemos olvidar que sus intentos de superar el formalismo del teatro convencional estaban ya presentes mientras escribía sus primeras farsas, en sus tempranos y breves *Diálogos*: *La doncella, el marinero y el estudiante*, *El paseo de Buster Keaton*, *Quimera*, *Diálogo mudo de los cartujos* y *Diálogo de los dos caracoles*. La fina comicidad de estas piececillas desconcertantes trata temas muy propios de Lorca (el paso del tiempo, la amante solitaria) y adopta técnicas del cine mudo. Junto a ellos podemos situar el guion de cine, mudo también, *Viaje a la Luna*.

d) Por último, en la producción de Lorca encontramos dos tragedias: *Bodas de sangre* y *Yerma*, pertenecientes a una trilogía que quedó inacabada, y un drama: *La casa de Bernarda Alba*, última pieza que completó el autor, semanas antes de ser asesinado. *Bodas de sangre*, el primer gran éxito de Lorca, partió de un hecho real —conocido a través de la prensa— para reunir en un alarde de intensidad poética los mitos más antiguos que subyacen a las grandes historias de amor: la pasión irrefrenable, las leyes que combaten inútilmente el erotismo, la muerte aceptada a cambio de la satisfacción amorosa. *Yerma*, como veremos, es el «poema trágico» de la mujer recluida en la obsesión de su maternidad frustrada, centro de habladurías y objeto cada vez más lejano para su marido, al que mata en un arrebato de frenesí desesperado.

La obra que habría de cerrar la trilogía iba a titularse *La destrucción de Sodoma* (o también *El drama de las hijas de Lot*: con ambos títulos habló de ella Lorca). Por la breve escena que se conserva y los comentarios del autor, podemos imaginar que habría tratado de nuevo el tema del amor imposible en un medio opresivo.

La serie trágica que contaba ya con *Bodas de sangre*, estrenada en 1933, y *Yerma*, de 1934, se interrumpió, al menos en el orden de ascenso a la escena. Tras *Doña Rosita la soltera*, de 1935, pocas semanas antes de ser asesinado, Lorca leyó ante sus amigos un drama sobrio y potente, *La casa de Bernarda Alba,* que pretendía estrenar en otoño de 1936. De nuevo el erotismo, amordazado por las convenciones sociales y familiares que encadenan a las hijas de Bernarda, se ve obligado a romper ataduras violentamente, de la única forma en que puede ser combatida la ley opresiva dictada por la madre. Se trata de una pieza teatralmente compacta y quizá la más realista de Lorca, en la que se confirma el dominio que el autor había adquirido en el manejo de personajes y de conflictos escénicos.

4. Dos poemas para teatro

Según costumbre de la época, a renglón seguido del título de cada obra teatral Lorca indicaba el tipo de pieza al que se enfrentaban los actores, primero, y los espectadores y lectores, después. Así, *Amor de don Perlimplín* era «Aleluya erótica», *Así que pasen cinco años*, «Leyenda del tiempo», mientras que *El público* y *La casa de Bernarda Alba* son considerados «Dramas».

De toda la producción dramática de Lorca, solo las dos piezas que componen el presente volumen fueron calificadas por su autor con referencias directas a su carácter poético: *Yerma* es «Poema trágico»; *Doña Rosita la soltera*, «Poema granadino».

Únicamente *Bodas de sangre* lleva la indicación «Tragedia», y ese mismo carácter reaparece, un año después, en la adjetivación del «poema» *Yerma*. La diferencia entre la tragedia y el poema trágico no es nada evidente, sobre todo si tras una primera aproximación advertimos que en *Bodas de sangre* hay escenas completas en verso y profundas resonancias simbólicas, mientras que en *Yerma* la poesía propiamente dicha se reserva a los soliloquios de la protagonista o a la ambientación coral en que se ve envuelta, mientras que los diálogos están construidos con una sobriedad casi realista. Sin embargo, el carácter poemático de la segunda pieza se pone de manifiesto si consideramos que las acciones plasmadas en el escenario no trazan un itinerario externo, sino que esbozan apenas un leve contorno, un entramado de líneas, una red tensa que soporta la lucha angustiosa contenida en el interior de la heroína. En *Bodas de sangre*, el conflicto viene dado por el desarrollo de hechos más ajenos que propios (la boda y el hijo de Leonardo, la desconfianza de la Madre y la ceguera del Novio, etc.), de forma que tras reconocer la inutilidad de su separación, no tienen más salida que el enfrentamiento desesperado con su entorno para asumir su destino; en *Yerma*, sin embargo, la trama no tiene relieve: se trata de una tragedia «sin argumento», como el mismo poeta reconoció [1]. El conflicto va de Yerma hacia sí misma, y el resto de los personajes apenas participan de él: son casi espectadores.

Por otra parte, en *Yerma* se confirma la íntima relación que existe entre el género lírico y el dramático. La poesía y el teatro de Lorca son el haz y el envés de una misma voz artística. Solo se puede separar un género de otro para estudiarlo en sus elementos particulares, pero en todo momento debemos tener en cuenta la poesía al hablar del teatro y el teatro al hablar de la poesía. Para Lorca, «el teatro es la poesía que se levanta del libro y se hace humana. El teatro necesita que los personajes que aparezcan en la escena lleven un traje de poesía y al mismo tiempo se les vean los huesos, la sangre» [2]. Todos los personajes centrales de Lorca cumplen de una forma u otra con esas condiciones

---

[1] Federico García Lorca, *Yerma,* edición de Mario Hernández, Alianza Editorial, Madrid, 2000, pág. 181.

[2] Federico García Lorca, *Obras completas III,* Galaxia Gutenberg-Círculo de Lectores, pág. 630.

(don Perlimplín, la Adela de *La casa de Bernarda Alba*, el Joven de *Así que pasen cinco años*, etc.), pero quizá ninguno lo hace mejor que Yerma.

La poesía, por supuesto, no es privativa del verso o de la prosa simbólica, y más allá de la utilización del lenguaje, el género dramático supone un tejido de relaciones, encuentros y desencuentros, sorpresas y recurrencias, que es en sí mismo una construcción poética en el sentido más clásico de la expresión. «El teatro que ha perdurado siempre es el de los poetas. Siempre ha estado el teatro en manos de los poetas. Y ha sido mejor el teatro en tanto era más grande el poeta. No es —claro— el poeta lírico, sino el poeta dramático (...). El verso no quiere decir poesía en el teatro. Don Carlos Arniches es más poeta que casi todos los que escriben teatro en verso actualmente» [3]. Y en *Yerma* todos los hechos y los dichos giran alrededor del «yo poético» de la protagonista: son imágenes junto a las que resalta, espejos en los que se mira, subrayados que encuentra, tachaduras que padece, focos que la iluminan o la ensombrecen, réplicas necesarias para exponer su personalidad poético-trágica.

En cuanto a *Doña Rosita la soltera o El lenguaje de las flores*, la indicación completa reza así: «Poema granadino del novecientos, dividido en varios jardines, con escenas de canto y baile». Como veremos más adelante, la poesía vertida en la trayectoria de la solterona provinciana tiene bastante de antología lírica nostálgi-

---

[3] *Obras completas III*, pág. 563.

ca: por un lado, el romanticismo tardío, con imágenes ajadas de tarjeta postal, y por otro, el cancionero tradicional, tan apreciado por el poeta y tan próximo al melodrama. Pero Lorca supera la amenaza melodramática cuando, al final de la pieza, la aceptación de la derrota parece iluminar a la protagonista con el brillo maduro que le proporciona la conciencia del paso del tiempo. En esas últimas escenas, Rosita adquiere categoría de heroína clásica y de perfecta imagen poética incorporada a la figura de la mujer frustrada para siempre y (ahora lo sabe) desde siempre.

La misma sustitución de «actos» por «jardines» imprime una nota de lirismo al comienzo de la pieza. El jardín escénico es ese espacio especialmente dedicado al cultivo de plantas ornamentales (la mujer de la clase media de entonces), sobre todo si dan flores espectaculares: la flor que lleva en su nombre la muchacha ilusionada consigo misma y con la vida que le espera, la misma mujer que, con el mismo nombre, acabará representando la soltería forzadamente esterilizada. Si llamar «jardín» a cada acto teatral podría rozar la cursilería, el final de la obra borra por completo esa impresión y subraya el agridulce guiño lorquiano que con aquella palabra pretendía acercarnos a la exquisitez quebradiza de la «belle époque» provinciana española.

Estamos ante dos mujeres estériles: Yerma lo es, posiblemente, por constitución fisiológica; Rosita, por fidelidad a su novio lejano y casado con otra cuando ya para ella es impensable esperar un nuevo amor. Esa sensación de vida amputada, esa incapacidad para prolongarse vitalmente, hace que ambas mujeres se expresen con una sobrecarga de contenido, con un cierto rebasamiento de los niveles normales de las palabras, es decir, con ese valor añadido de conflicto íntimo que exige el lenguaje cuando se organiza poemáticamente. La intensidad generativa amordazada en Yerma y en Rosita es la misma que encontramos, resuelta en imágenes poderosamente fértiles, en la poesía de Lorca.

5. *Yerma*

Posiblemente *Yerma* pasó al papel después de desarrollarse con lentitud en la mente del autor, al igual que otras piezas suyas y según un método de trabajo del que Lorca habló en reiteradas ocasiones. Y es probable que el poeta se basara en figuras legendarias, de las que llegaban por narración oral a los oídos de los niños de pueblo, o reales, como la primera mujer de su padre, que murió estéril tras catorce años de matrimonio y que estuvo presente en la infancia lorquiana desde un retrato de pared. Pero lo cierto es que la obra empezó a cobrar cuerpo tras el estreno de *Bodas de sangre*, en 1933, y que se escribió en los descansos de los ensayos y las giras de «La Barraca». Se estrenó el 29 de diciembre de 1934. La crítica progresista aplaudió la nueva tragedia, y el éxito de público fue indudable, puesto que alcanzó 150 representaciones, pero la crítica conservadora, envalentonada tras el triunfo de la derecha política, atacó duramente una obra en la que se daba rienda suelta al descreimiento religioso popular entreverado de iconoclastia y de supersticiones, esa mezcla de jaculatorias y blasfemias que llenan el imaginario simbólico de pueblos y campos.

La pieza está construida con la economía de medios verbales y escénicos que Lorca ha aprendido bien a manejar en su ya intensa experiencia como autor y director teatral. Los diálogos son cortantes y densos, sin concesiones a adornos o acciones secundarias, de manera que todo lo que ocurre en escena o fuera de ella apunta de una manera o de otra a la interioridad del personaje central; las frases, breves y apretadas de sentido, facilitan la dicción directa, pero a la vez exigen del actor una concentración intencional extrema: la actriz principal está en escena permanentemente en cinco de los seis cuadros de que consta la obra.

El primer cuadro cumple fielmente con su tradicional papel de «planteamiento». Yerma, tras un breve sueño simbólico (cruza la escena un pastor que lleva un niño de la mano), despierta a Juan. El personaje central inicia la representación llamando a la vida a su marido, y la acabará hundiendo al mismo hombre en la muerte. En breves minutos conocemos la sicología del marido, alguien que, según Yerma, cuando se casaron «era otro», y que desde entonces parece como si hubiera «crecido al revés». A la solicitud afectuosa de ella, él responde evasivamente, orientado siempre al trabajo y al incremento de su patrimonio, ya que, dice, «no tenemos hijos que gasten». La actitud de cada uno queda clara: Yerma sufre por no tener hijos, tras dos años de casada —«Nadie se casó con más alegría»—, pero Juan no se inquieta por eso, y sí se preocupa de su honorabilidad: «No me gusta que salgas».

Al quedarse sola Yerma y volver a su costura, tras un apunte lírico en voz de la protagonista —«¿Qué pides, niño, desde tan lejos?»—, entra en escena María, uno de los raros personajes de la pieza favorables a Yerma. La joven trae la noticia de su embarazo. En más de un detalle, María parece expresarse como iluminada por una anunciación: al «llegar» el hijo estaba descuidada —«Estarías cantando, ¿verdad? Yo canto», dice Yerma—, y más adelante se desliza esa misma impresión en las palabras de la mujer recién «visitada» por la maternidad: «Me parece que mi niño es un palomo de lumbre que él [su marido] me deslizó por la oreja». La imaginación ingenua de María casi está hablando de una palabra fecundadora en forma de paloma del espíritu. Y por primera vez Yerma expresa su temor: «Si sigo así, acabaré volviéndome mala». Porque, como veremos a lo largo de la obra, el ser de Yerma —no solo ser buena o mala, sino meramente ser— depende exclusivamente de que ella reciba también una buena nueva como la de María.

Una breve aparición de Víctor completa la presentación del conflicto. Ese personaje vitalista y alegre, opuesto a Juan, provoca en Yerma una inquietud claramente erótica y, a propósito de lo que tardan en llegar los hijos a aquella casa, parece decir lo que a Yerma le suena fundamental con relación a su marido: «Que ahonde», que se esfuerce más por encontrar dentro de ella la veta del manantial materno. Los cuatro personajes del primer cuadro representan la síntesis de la obra: Yerma, angustiada desde el primer momento por la tardanza del hijo; Juan, desentendido tanto de su mujer como de la paternidad; Víctor, la tentación fuera del matrimonio, y María, la representante del comportamiento no problemático tanto de maridos deseosos como de mujeres fértiles.

Con esos presupuestos, el segundo acto —que transcurre un año después— plantea la dudosa posiblilidad de salir del círculo vicioso en que se ha encerrado Yerma, introduciendo al otro personaje central de la obra, la Vieja que en la relación inicial de personajes es calificada de «pagana» y en tercer acto será Vieja 1.ª o Vieja «alegre». Yerma se confía a ella, y así sabemos que años atrás, siendo muy jóvenes, sintió por Víctor una atracción sexual que no ha experimentado nunca por su marido: «Me lo dio mi padre y yo lo acepté. Con alegría. Esta es la pura verdad. Pues el primer día que me puse novia con él ya pensé... en los hijos». Juan no ha provocado nunca en ella una emoción semejante a la que siente, reprimida y vaga pero sin remedio, junto a Víctor. La alegría con que Yerma fue al matrimonio, y que ella alega en defensa propia, no estaba provocada por la inminencia de la satisfacción del deseo amoroso, sino por la posibilidad de conseguir el «acabado final» que como mujer cree que le falta, la plenitud de ser madre.

Es entonces cuando el espectador puede preguntarse si Yerma, en vez de ser la estéril por constitución pro-

pia, no será la típica «malcasada», la esposa no satisfecha por su tibio marido y, consecuentemente, infecunda.
El personaje tiene una larga tradición en la literatura
española, tanto popular como culta, muy anterior a la
novela decimonónica: llega hasta la lírica tradicional
de los cancioneros medievales y aparece reiterada-
mente, aunque sin la obsesión por los hijos, en el teatro
lorquiano: la zapatera y Belisa pertenecen a esa estirpe.
También es cierto que los espectadores nos sentimos
tentados a acusar al esposo de Yerma por su frustración
como madre, y que las alusiones a su vida matrimonial
apoyan esa hipótesis: «¿Qué vas a pensar cuando [el
marido] te deja en la cama con los ojos tristes mirando
al techo y da media vuelta y se duerme?». Pero nada en
la pieza nos hace pensar que Juan no haya «ahondado»
lo suficiente como para no dejar embarazada a una
mujer fisiológicamente dispuesta, ni que Yerma sea
más víctima de la honra, por respeto a la cual no se
entrega a otro hombre, que de su esterilidad. Como ha
subrayado Francisco Ruiz Ramón, saliendo al paso de
aquellas elucubraciones, «Lorca no estaba escribiendo
el drama de la mujer infecundada, sino el drama de la
mujer estéril» [4].

Yerma se enfrenta al destino de su incapacidad para
procrear, y ese enfrentamiento está por encima del que
se ve obligada a improvisar también contra quienes,
como la Vieja —solo con insinuaciones en el segundo

---

[4] Francisco Ruiz Ramón, *Historia del teatro español. Siglo XX*,
Ed. Cátedra, Madrid, 1997, pág. 203.

cuadro del primer acto, pero claramente ya al final de la pieza—, le proponen una salida irregular de su situación. Accede a ser objeto del conjuro que se lleva a cabo en el cementerio (entre el segundo y el tercer acto) y asiste a la romería con el mismo deseo de acumular sobre ella todas las condiciones favorables —naturales o sobrenaturales—, pero nunca renuncia, «por honra y por casta», a la situación de pareja que se le ha encomendado.

Su incapacidad para ser madre es, muy probablemente, de orden fisiológico, pero tanto ella como quienes la rodean se mueven en un nudo de sobrentendidos, rivalidades, calumnias, sospechas y complejos de culpa que agravan la situación de la estéril. Podríamos decir que en *Yerma* la esterilidad es colectiva, pues la falta del hijo remueve toda una tormenta de carencias colectivas: carencia de amor, de libertad, de comprensión y, en definitiva, de comunicación. Para los lugareños, Yerma está marcada por un signo negativo que la hace víctima fácil de tentaciones, burlas, juicios y prejuicios. Su esterilidad es el reflejo de una sociedad fundamentalmente estéril. La tragedia central, poéticamente tan bella, se ve doblemente ahogada en la tragedia difusa y soez de esos personajes encerrados en sus esquemas de comportamiento mecánico. Solo María y la Lavandera 1.ª se compadecen de Yerma. Víctor, un asalariado de Juan, es apartado por este del entorno de Yerma. Cuando Yerma, al límite de su angustia, mata a Juan, está rebelándose contra su destino personificado en quien más se aproxima a ella desde la infecundidad ambiental.

El cuadro primero del segundo acto, única unidad escénica en la que no aparece Yerma, está encomendado íntegramente al coro de Lavanderas. Lorca había escrito «una tragedia con cuatro personajes principales y coros, como han de ser las tragedias» [5], y en este cuadro encontramos las voces de aquel entorno adverso, que viven seguras de sí mismas y que acallan con sus razones inamovibles la tímida defensa de Yerma que se permite hacer la Lavandera 1.ª: «Pero ¿vosotras la habéis visto con otro?». «Nosotras no, pero las gentes sí.» Las gentes: ese personaje anónimo y omnipresente, implacable y todopoderoso que también veremos asediar a doña Rosita (y a tantos otros personajes de Lorca), forma el marco más externo a Yerma, del que proceden estas lavanderas felices de ser fértiles e incapaces de aceptar a la estéril como ser humano no degradado. La llegada de las Cuñadas —hermanas de Juan, encargadas de vigilar a Yerma en su propia casa desde el segundo acto— pone una pincelada oscura que acentúa el color agresivo del coro.

En el cuadro segundo del segundo acto volvemos a tener en escena los mismos personajes del comienzo de la obra: Yerma, Juan, Víctor, María, pero todos han cambiado de actitud en los tres años transcurridos desde entonces. Todos menos la heroína, que no ha hecho más que acrecentar su obsesión por el hijo, es decir, que es ahora más Yerma que antes, puesto que

---

[5] Federico García Lorca, *Yerma,* edición de Mario Hernández, Alianza Editorial, Madrid, 2000, pág. 151.

en ella solo el vacío interior se ha ahondado realmente. Juan, además de mostrarse más distante aún de su mujer, la vigila a través de sus hermanas y desconfía de ella: «¡Tengo motivos para estar alerta!». Entre el áspero diálogo de los esposos y la entrada de María, Yerma tiene un soliloquio de quince versos endecasílabos (introducidos por un pie heptasílabo) rimados en forma romanceada, que recuerda a los típicos sonetos reflexivos de transición entre una escena y otra de los dramas del siglo XVII. María, que trae a escena su niño, sigue confiando en la salvación de Yerma (en la única forma aceptable de salvación: ser madre), pero Víctor es desplazado fácilmente por Juan, con toda intención, ya que de él parte la principal amenaza para su honra. En el diálogo entre Víctor y Yerma tenemos un atisbo de aquella esterilidad del ambiente que veíamos sumarse a la de la mujer estéril hasta exacerbarla:

> YERMA.—(...) Siendo zagalón me llevaste una vez en brazos, ¿no recuerdas? Una no sabe lo que va a pasar.
> VÍCTOR.—Todo cambia.
> YERMA.—Algunas cosas no cambian. Hay cosas encerradas detrás de los muros que no pueden cambiar porque nadie las oye.
> VÍCTOR.—Así es.
> YERMA.—Pero que si salieran de pronto y gritaran, llenarían el mundo.
> VÍCTOR.—No se adelantaría nada.

Esas cosas encerradas —recuerdos, deseos, fantasías— «llenarían el mundo», es decir, lo fecundarían con esa proliferación de secretos desvelados, liberados fuera de esos muros y asumidos al ser escuchados. Pero Víctor pertenece al círculo que atenaza a Yerma, no participa en absoluto de su inquietud (en ningún momento podemos considerarlo rival auténtico de Juan): para él nada puede cambiar. Un poco antes, Yerma se ha puesto de acuerdo con la Muchacha 2.ª para someterse al conjuro y arriesgarse así a que ese entorno anquilosado la maneje con sus artes, usos y costumbres, y haga aún más evidente su «anormalidad». Pero la vigilancia de las cuñadas la persigue y ya sabemos, al levantarse el telón para el tercer acto, que asistiremos a la apoteosis trágica.

Juan irrumpe en la casa de Dolores, donde están Yerma y la Vieja, tras el conjuro efectuado al amanecer. Pese a que alrededor de ella el conflicto ha llegado a límites de imposible vuelta atrás («las gentes» son dueñas del secreto y del desvarío), Yerma sigue apelando no solo a su fidelidad, sino al amor de su esposo: «Te busco a ti (...). Es tu sangre y tu amparo lo que deseo». Pero Juan la rechaza bruscamente, y al intentar acallarla («Viene gente», dice Dolores), Yerma tiene un primer arrebato de rebeldía que en su entorno suena más bien a locura: «No me importa. Dejarme libre siquiera la voz. Ahora que voy entrando en lo más oscuro del pozo. Dejad que de mi cuerpo salga siquiera esta cosa hermosa y que llene el aire». Estamos en un momento especialmente poético: Yerma no podrá tener

33

hijos, pero todavía tiene voz, esa voz liberadora de quien la emplea sin miedo, esa «cosa hermosa» que sale de su cuerpo y llena el aire, como aquellas «cosas encerradas detrás de los muros» que invocaba ante Víctor. Así es como podemos comprender las declaraciones de Lorca, ante el estreno de su poema trágico: «Yerma es, sobre todas las cosas, la imagen de la fecundidad castigada a la esterilidad». Yerma es fecunda en amor, en comunicación, en disponibilidad, en deseo, en palabras, pero siempre de forma unidireccional: alrededor suyo, su incapacidad de tener hijos le devuelve de sí misma una imagen de infecunda integral, de incapaz de todo.

En el último cuadro asistimos al frenesí colectivo de la multitud que rodea a la mujer ya marcada para siempre por su tragedia. Para esta nueva ilustración coral, Lorca se inspiró en una romería que se celebraba en el pueblo granadino de Moclín. En una ermita apartada se conservaba la imagen de un Cristo que, según decían, obraba milagros regeneradores en las casadas sin hijos. Como tantas otras romerías, aquella tenía fama de obtener resultados portentosos por procedimientos nada ortodoxos, pues los hombres solteros acudían a la fiesta llevados por el atractivo de posibles «malcasadas»:

> MUCHACHA 1.ª—Más de cuarenta toneles de vino he visto en las espaldas de la ermita.
>
> MARÍA.—Un río de hombres solos baja por esas sierras.

La escena reúne a casi todos los personajes que cuentan para la trama (solo falta Víctor). En primer lugar asistimos a una especie de rogativa ambigua, en la que Yerma, acompañada de otras peticionarias, recita un romance lleno de simbología erotico-religiosa con la rosa como centro activo, casi como miembro viril divino:

> YERMA.—(...) Señor, abre tu rosal
> sobre mi carne marchita.

(Como veremos más adelante, al hablar de *Doña Rosita la soltera*, no es este el único rasgo de parentesco entre Yerma y la joven granadina.) Pero la serenidad de la procesión se conturba con el baile orgiástico del Macho y la Hembra, que según Francisco García Lorca «procede de una danza del norte de España, creo que de Asturias y quizá de origen báquico» [6]. Estamos en el último giro de la espiral que lanza a Yerma hacia la culminación de su designio. Los versos del Macho repiten la imagen central de la oración que antes hemos oído a Yerma: «Entre rosal y rosal, / la rosa de maravilla».

Al alejarse la danza, y aprovechando su efecto enardecedor, la Vieja propone abiertamente a Yerma que abandone a Juan y se vaya a vivir con ella y su hijo, «que es de sangre. Como yo». Pero de nuevo vemos

---

[6] Francisco García Lorca, *Federico y su mundo,* Alianza Editorial, Madrid, 1990, pág. 357.

que Yerma ha sido malinterpretada fatalmente: «¡Si no es eso! Nunca lo haría». Su mentalidad no le permite pensar siquiera en esa solución deshonrosa, y si se ha dejado arrebatar por aquella fiesta ambigua lo ha hecho buscando lo que en ella pueda haber de auténtica virtud curativa. «Lo que tú me das —sigue diciéndole a la Vieja— es un pequeño vaso de agua de pozo. Lo mío es dolor que ya no está en las carnes.» Dolor que la ha invadido toda, dolor absoluto que no tiene solución.

El asesinato de Juan supone el definitivo aislamiento de Yerma. Al destruir traumáticamente el vínculo matrimonial, quiebra el símbolo del orden social que la ha amordazado y esterilizado doblemente. Así, Yerma sucumbe a su destino, pero lo agrede y al menos lo derrota en una parte fundamental: en lo que ese destino tiene de ajeno, de impuesto desde fuera a través de la persona más próxima a ella. Yerma asume su destino en la derrota total de sí misma: «Yo misma he matado a mi hijo». Recordemos que en dos ocasiones había hecho referencia a la posibilidad paradójica de ser madre e hijo a la vez: «... como si yo misma fuera hija mía» (a la Vieja, en acto I, cuadro 2.º), «Acabaré creyendo que yo misma soy mi hijo» (a María, en acto II, cuadro 2.º), como si se sintiera capaz de sacar de sí misma, junto a sus palabras —como veíamos antes—, su propio ser. A partir de ahora no podrá imaginarse autoprocreada, dada a la luz por sí misma, puesto que su desesperación la ha llevado a la oscuridad total de saberse cegada, aislada por completo: Yerma yermada. Al matar a Juan, Yerma se ha suicidado.

Con un final así, inequívocamente trágico, se explica que se sintiera ofendida la mentalidad recalcitrante de quienes en 1934 volvían a sentirse dueños absolutos de la situación política, social y cultural. Pero la excelencia dramática de la pieza superó aquella prueba y sigue hoy atrayéndonos, a pesar de que el tema de la mujer estéril nos parezca bastante superado, afortunadamente. Como señala Francisco García Lorca, «entre las obras de Federico, *Yerma* es el drama que presenta mayor dificultad de asimilación por parte del público», y ello se debe en buena medida a esa falta de argumento claramente prevista por el autor, a la aparente inmovilidad de la obra (tan diferente de la vibración temporal de Doña Rosita), al desarrollo interior y obsesivo del personaje central. Pero todo eso no es más que una consecuencia del carácter doble de la pieza: poema y trágico, es decir, poema puesto en escena, con los elementos justos de la tragedia clásica y con la intensidad permanente que requiere el desarrollo poético tanto de los hechos como de las palabras.

Un espectador nada complaciente como Miguel de Unamuno asistió al ensayo general de *Yerma* y quedó tan convencido de la excelencia de la obra que volvió a presenciarla al día siguiente en el estreno. Teniendo en cuenta que él mismo había tratado teatralmente el tema de la mujer estéril —*Raquel encadenada* (1921)—, cobra especial relieve el abrazo de felicitación que dio al autor. El prócer inconformista, el temible don Miguel, daba así su espaldarazo —«la alternativa», diríamos en términos taurinos— al autor recién llegado con nuevos

37

aires pero con tan provechosa asimilación del teatro anterior. Como anécdota, señalemos que Lorca declaró a un amigo aquella noche: «Estoy santificado, porque me ha abrazado Unamuno» [7]. Pero adivinamos que, más allá de su guasa temperamental —minutos después de que algunos vociferantes rechazaran su obra insultándolo a él por su condición de homosexual—, Lorca se sentía feliz acogido por quien tanto representaba para la cultura española y tanto había luchado también —y seguiría luchando todavía— por romper moldes y remontar corrientes.

6. *Doña Rosita la soltera*
o El lenguaje de las flores

Según declaró el mismo Lorca, la idea de escribir *Doña Rosita la soltera* se le ocurrió en 1924 mientras su amigo el poeta José Moreno Villa le describía el breve ciclo vital de la *rosa mutabilis*: «Cuando acabó el cuento maravilloso de la rosa, yo tenía hecha mi comedia. Se me apareció terminada, única, imposible de reformar. Y sin embargo, no la he escrito hasta [1935]. Han sido los años los que han bordado las escenas y han puesto versos a la historia de la flor» [8]. Como

---

[7] Testimonio recogido por Carlos G. Santa Cecilia en «La insoportable levedad de Federico», *El país,* 19 de agosto de 1986, pág. X.

[8] *Obras completas III,* pág. 631. Según la entrevista de donde proceden estas declaraciones, Lorca habría dicho «1936», lo que sin duda

hemos recordado a propósito de *Yerma*, ese era el procedimiento habitual que empleaba Lorca para «madurar» sus obras.

No era la primera ocasión en que se interesaba por el tema de la solterona, que aparece ya en sus poemas de adolescencia. Como vecino de un pueblo, primero, y enseguida de una ciudad de provincias a la que se mantuvo ligado toda su vida, Lorca debió de observar las figuras tristes, oscurecidas, forzadamente rutinarias, de esas mujeres que por aquellos años —y hasta no hace mucho— iban y venían de sus tareas domésticas a sus devociones y sus paseos, perseguidas por la señal de la desgracia, cuando no por la sonrisa maledicente. Las posibilidades teatrales de personajes así no podían pasarle inadvertidas, como no dejó escapar la evidente relación simbólica entre la mujer apagada sin amor y aquella extraña rosa que «por la mañana es roja; más roja al mediodía; a la tarde, blanca, y por la noche se deshace» [9].

El personaje de la soltera provinciana había sido ya visto en escena, por supuesto. La obra más cercana a *Doña Rosita* es *La señorita de Trevélez* (1916), de Carlos Arniches. Pero si Flora de Trevélez queda ridiculizada —aunque ligeramente reivindicada por la figura de su hermano y por la ternura con que el autor nos la presenta—, Rosita va más allá del esquema que era

---

debe ser un error de transcripción: *Doña Rosita* se estrenó el 12 de diciembre de 1935, en Barcelona.

[9] *Obras completas III,* pág. 621.

previsible para su carácter. La solterona de Lorca es sobre todo un ser humano que ha de asumir la condena de su erotismo: «*Doña Rosita* —declaró Lorca— es la vida mansa por fuera y requemada por dentro de una doncella granadina, que poco a poco se va convirtiendo en esa cosa grotesca y conmovedora que es una solterona en España». La intención crítica es evidente, como lo es la toma de partido a favor de su heroína, víctima de las convenciones sociales que no la dejan salir de los cauces marcados a fuego en la conciencia colectiva y en la propia: «Poema para familias, digo en los carteles que es esta obra, y no otra cosa es. ¡Cuántas damas maduras españolas se verán reflejadas en doña Rosita como en un espejo! He querido que la más pura línea conduzca mi comedia desde el principio hasta el fin. ¿Comedia he dicho? Mejor sería decir el drama de la cursilería española, de la mojigatería española, del ansia de gozar que las mujeres han de reprimir por fuerza en lo más hondo de su entraña enfebrecida» [10].

Esa «pura línea» alrededor de la que está construida la obra es el carácter de Rosita a través del tiempo. El paso del tiempo —veinticinco años aproximadamente— constituye la plataforma sumergida de donde emergen ante nuestros ojos los tres actos como islas donde se concentran las oscuras líneas de fuerza que luchan entre sí por debajo de cada instante. Gracias a esa sólida construcción, se ha considerado que «*Doña Rosita* es probablemente la mejor de las obras teatrales de

---

[10] *Obras completas III*, pág. 620.

García Lorca, y, con seguridad, la mejor estructurada de todas ellas, la más equilibrada» [11].

Como hemos visto anteriormente, la fisonomía de «jardín» que Lorca quiere dar a cada acto corresponde al lugar íntimo, real y a la vez ideal, donde observamos la interioridad de los personajes enlazada por colores, figuras, música y poesía. Tal entramado estético nos remite a la imaginería ambigua de la *belle époque*, tan exquisita por fuera como desolada por dentro. La intención festiva del «canto y baile» no resta nada al dramatismo creciente que se aprecia en el desarrollo de la obra. Ya en el primer acto, tras la presentación del trío de personajes básicos, los tíos de Rosita y el Ama, el romance de la *rosa mutabilis* preludia inquietantemente la primera entrada del personaje central, que parece una respuesta a las palabras de sus protectores:

> TÍA.—¿Y tiene ya flor?
> TÍO.—Una que se está abriendo.
> TÍA.—¿Dura un día tan solo?
> TÍO.—Uno. Pero yo ese día lo pienso pasar al lado para ver cómo se pone blanca.
> ROSITA.—*(Entrando.)* Mi sombrilla.

Incluso la inadvertencia de Rosita al abrir la sombrilla bajo techado, augurio de mala suerte que el Ama intenta rechazar con su conjuro, pone una pincelada

---

[11] Daniel Devoto, «*Doña Rosita la soltera:* estructura y fuentes», *Bulletin Hispanique,* LXIX, 1967, pág. 407.

premonitoria de la noticia que momentos después
—cuando Rosita ya haya salido— traerá el Sobrino:
los novios deben separarse. Con ese matiz amargo pre-
senciamos la primera escena «de canto y baile» entre
Rosita, todavía desconocedora de su destino, y las
Manolas. Solo el arranque de la pieza se había libra-
do de dramatismo —los tíos, felices por el noviazgo
de Rosita, y ella, confiada—, pues a partir de ahora
asistimos a un verdadero «drama disfrazado de comedia» [12].

La escena de adiós entre los enamorados es una
estampa romántica, con unas sonoras décimas —insó-
litas en la obra teatral de Lorca— que recuerdan a las
de la escena más popular de *Don Juan Tenorio*, aunque
con una orientación inversa: Don Juan confiesa a doña
Inés un amor verdadero que por primera vez nos hace
pensar en la regeneración del personaje —es una escena con proyección positiva—, mientras que Rosita y su
Primo hacen votos por que su amor ya compartido no
se desmorone en el futuro incierto que a ambos les
aguarda —proyección negativa—. El acto se cierra con
el mismo romance de la rosa mudable, esta vez leído
por Rosita, es decir, incorporado a ella.

El romanticismo del primer acto —un romanticismo
más ágil que el de *Mariana Pineda*, más como cita que
como estética propia— es, muy probablemente, un
homenaje de Lorca a aquel teatro que durante un siglo

---

[12] Daniel Devoto, *op. cit.*, pág. 408.

había alimentado la sensibilidad del espectador [13]. A partir de ahí, la pieza parece dar los mismos saltos temporales que apreciamos en Rosita. «Transcurre el primer tiempo en los años almidonados y relamidos de 1885. Polisón, cabellos complicados, muchas lanas y sedas sobre las carnes, sombrillas de colores... Doña Rosita tiene en ese momento veinte años. Toda la esperanza del mundo está en ella. El segundo acto pasa en 1900» [14]. Los quince años transcurridos se aprecian en los personajes y en la forma de entender el teatro. El romanticismo da paso a la ironía crítica con que Lorca nos dibuja al Señor X —un pretendiente de Rosita que rechazamos todos, desde el Tío hasta el último espectador— y a la inquietud permanente de la mujer ya madura, pero soltera, que vive pendiente del correo mientras contemporiza con la sociedad granadina inevitablemente infiltrada en su vida: las solteronas pobres y anticuadas, a las que Rosita no quiere parecerse, y las «modernas» y opulentas Ayolas, a las que nuestro personaje se aproxima algo más, pero de las que ya empieza a recibir los primeros dardos:

> AYOLA 1.ª—A mí, casi, casi se me ha olvidado la cara de tu novio.

---

[13] Roberto G. Sánchez, «García Lorca y la literatura del siglo XIX: apuntes sobre *Doña Rosita la soltera*», en Ildefonso Manuel Gil (ed.), *Federico García Lorca,* Ed. Taurus, col. «El escritor y la crítica», Madrid, 1975, pág. 327.

[14] *Obras completas III,* pág. 620.

AYOLA 2.ª—¿No tenía una cicatriz en el labio?
ROSITA.—¿Una cicatriz? Tía, ¿tenía una cicatriz?

La relación «tiempo pasado-tiempo por venir» se aprecia en el momento de la cita de Bécquer:

SOLTERONA 3.ª—También puedo decir: «Volverán las oscuras golondrinas, de tu balcón los nidos a colgar» [15].
AYOLA 1.ª—Eso es muy triste.
SOLTERONA 1.ª—Lo triste es bonito también.

La esnob Ayola rechaza la tristeza que despiertan los nostálgicos versos como algo impropio de los nuevos tiempos, y la Solterona defiende el pasado como depositario de una belleza triste que el presente necesita «también». Aunque no quiera, Rosita queda inevitablemente más reflejada en las Solteronas que en las chicas despreocupadas, para quienes la tristeza no encierra valor estético alguno. Las Ayolas, que eran niñas cuando Rosita aún tenía cerca a su novio, representan a la nueva hornada de jóvenes desconectadas del pasado sentimental y poco práctico. Ninguna de ellas canta mientras una de las Solteronas toca el piano y Rosita, la Tía y las otras Solteronas se intercambian

---

[15] En Bécquer se lee «sus nidos», no «los nidos». Puede ser que Lorca lo haya querido así para acentuar el carácter mediocre de la solterona, pero el simple descuido no sería nada extraño en nuestro autor.

los versos del romance que va desgranando «el lenguaje de las flores», algo muy anticuado para unas chicas «modernas». Lorca nos permite apreciar la ambigüedad de la escena: ciertamente el lenguaje de las flores suena a artificio un tanto melifluo de cuando el lenguaje más directo no estaba permitido, pero las Ayolas se nos hacen antipáticas por su vulgaridad y su falta de consideración hacia las solteras: la alocada superficialidad de las jóvenes *à la page*, supuestamente superadora de prejuicios anticuados, resulta tan rechazable como el rancio romanticismo, y, a diferencia de este, no aporta calor emotivo alguno.

El desenlace del segundo acto presenta una complejidad extrema, resuelta sin embargo con la brevedad y la riqueza simbólica típicas de Lorca. Rosita pronuncia su profesión de fe: «Si no viera a la gente, me creería que hace una semana que se marchó. Yo espero como el primer día. Además, ¿qué es un año, ni dos, ni cinco?». Y a renglón seguido llega el correo. En la carta que recibe, precisamente el día de su santo, su novio le comunica que se casarán por poderes. A la alegría de todos se opone la incredulidad del Ama, aparentemente solo cómica pero en el fondo muy sensata («Y por la noche, ¿qué?») y hasta previsora («Señora, no deje usted que los "Poderes" entren en esta casa»). El Tío, que tenía horror a cortar sus rosas («Cada vez que cortáis una rosa es como si me cortaseis un dedo», había dicho minutos antes), y pendiente como había estado de la difícil floración de la *rosa mutabilis*, aparece con ella en la mano:

Tío. — ¡Lo he oído todo, y casi sin darme cuenta he cortado la única rosa mudable que tenía en mi invernadero. Todavía estaba roja (...). Si hubiera tardado dos horas más en cortarla, te la hubiese dado blanca. (...) Pero todavía, todavía tiene la brasa de su juventud.

Aún hay esperanza, pues. Si el primer acto, que se había desarrollado relajadamente, acababa con signo adverso (el novio se aleja), el segundo, que ha discurrido con la amenaza de la soledad definitiva, termina reavivando las expectativas de Rosita, que se queda con *su* rosa en la mano mientras los demás cantan y bailan. La mujer y la flor tienen todavía el color suficiente para considerarse vivas, pero, no hay que olvidarlo, la rosa ya está cortada: ha sido necesaria esa violencia para impedir que llegue a su fase de decoloración y de desmembramiento. Todos los finales son todavía posibles, pero la irresolución está cargada de malos presagios.

El tercer acto es el más sutil. Por algo ha sido comparado con el teatro de Anton Chejov [16]. En palabras de Lorca: «Tercera jornada: 1911. Falda *entravée*, aeroplano. Un paso más, la guerra. Dijérase que el esencial trastorno que produce en el mundo la conflagración se presiente ya en almas y cosas» [17]. La cercanía a la catástrofe familiar y personal llena el prolongado cierre de

---

[16] Roberto G. Sánchez, *op. cit.*, pág. 333.
[17] *Obras completas III*, pág. 620.

la obra: el Tío ya murió, la casa debe ser abandonada para habitar otra más modesta, la Tía y el Ama se ven abocadas a su muerte (con resignación una, con desparpajo la otra), Rosita ya es «Doña» y se siente vieja junto al Muchacho, hijo de una de las Manolas del primer acto. La mujer vencida, explayándose en el parlamento más largo de la obra, descubre a su tía el calvario que ha vivido durante años: «Sabía que se había casado (...). Si la gente no hubiera hablado; si vosotras no lo hubierais sabido; si no lo hubiera sabido nadie más que yo, sus cartas y su mentira hubieran alimentado mi ilusión como el primer año de su ausencia». La solterona sucumbe a la evidencia de que la sublimación amorosa se ha desvanecido como una burbuja al contacto con su cotidianidad: en sus circunstancias, no se ama si no lo confirman familiares, amigos, vecinos, leyes y documentos. Rosita reconoce su contradicción con una lucidez desesperada:

> TÍA.—Te has aferrado a tu idea sin ver la realidad y sin tener caridad de tu porvenir.
> ROSITA.—Soy como soy. Y no me puedo cambiar. Ahora lo único que me queda es mi dignidad.

Dignidad, no libertad: «¿Es que no tiene derecho una pobre mujer a respirar con libertad?». La respuesta implícita es negativa. Solo le queda el empaque digno y melancólico que la eleva por encima de su inconstante Primo, de las otras solteras y del ambiente que ya la ha excluido; una dignidad amarga que arrastra el fracaso de su vida y que parece haber ahondado también en la sicología del personaje hasta el punto de hacerle afirmar: «Hay cosas que no se pueden decir porque no hay palabras para decirlas, y si las hubiera, nadie entendería su significado. Me entendéis si pido pan y agua y hasta un beso, pero nunca me podríais ni entender ni quitar esta mano oscura que no sé si me hiela o me abrasa el corazón cada vez que me quedo sola». Es entonces cuando se aprecia claramente que Rosita es hermana gemela de Yerma: ambas viven dentro de sí mismas un conflicto incomprensible para quienes desde fuera las acusan (Yerma) o las compadecen (Rosita).

En el tercer acto no queda casi nada de los cantos y los bailes de los anteriores «jardines»: apenas los seis últimos versos del romance de la rosa. Lo demás son adioses a los objetos familiares, personajes ajenos a la trama que marcan con su lejanía el aislamiento de las tres mujeres (el indefenso don Martín, tan perdedor como ellas; los obreros, con su lógica frialdad; el Muchacho, espectador que llega a la escena desde un tiempo nuevo), temor al qué dirán, puertas que golpean descuidadas, lluvia tristemente protectora («Así no habrá nadie en los balcones para vernos salir») y viento que mueve las cortinas blancas, solas en el escenario ya vacío, como los pétalos de la rosa que ha llegado al final del día, de su vida.

El sabor final es, ciertamente, muy próximo al de esos dramas chejovianos en los que los diálogos deshilvanados esconden la tragedia de la vida vaciada de sentido. El ambiente, el conflicto y los caracteres son inconfundiblemente españoles, provincianos, Lorca diría sobre todo de Granada: «Una ciudad pobre, acobardada (...) donde se agita actualmente la peor burguesía de España» [18], pero sin duda albergan los elementos dramáticos identificables en cualquier sociedad donde la intolerancia de todos condiciona la felicidad o la desdicha de cada uno.

Doña Rosita la soltera presenta la particularidad de una trama íntima invadida por tramas externas. Contrariamente a la falta de comunicación entre Yerma y los otros personajes (hombres y mujeres, con la breve excepción de María, que también se le aleja al final) o a la distancia inevitable entre la Novia de *Bodas de sangre* y quienes la rodean (distancia que solo se derrumba, fatalmente, ante su amante), Rosita está conectada estrechamente a sus tíos, al Ama, a las otras mujeres que corren el mismo peligro que ella (Manolas, Solteras, Ayolas) y al ambiente hostil pero próximo de la ciudad.

Otros personajes centrales de Lorca suelen evolucionar poco o solo con leves matices: Yerma es la misma desde la primera hasta la última escena de su tragedia, incluso podemos decir que cada año que pasa es más obsesivamente ella misma; la Novia y la Madre de *Bodas de sangre* solo varían en sus reacciones ante los acontecimientos, pero sus caracteres permanecen invariables; la protagonista de *La zapatera prodigiosa* acaba

---

[18] *Obras completas III*, pág. 637.

diciendo —de su marido— prácticamente lo mismo que al principio; Bernarda Alba vive obsesionada con el «Aquí no pasa nada» que su criada Poncia discute y que sus hijas contradicen solo momentáneamente y por desgracia para ellas. Rosita, sin embargo, empieza comportándose como una granadina más, risueña y despreocupada, expansiva y simpática; tanto su amor hacia su Primo como su amabilidad hacia las amigas o las visitas están siempre a flor de piel. Pero el desarrollo de su aventura emocional la va encerrando en sí misma y la hace hablar al final con una especie serena de rebeldía que no puede manifestarse totalmente hacia el exterior pero que le proporciona una consistencia amarga y, a su modo, heroica. Esta relación progresivamente dialéctica de una mujer consigo misma, víctima de su propio arquetipo —la solterona—, proporciona a la pieza un relieve dramático que todavía mantiene firme su vigencia.

7. La presente edición

Los textos de *Yerma* y *Doña Rosita la soltera* que ofrecemos al lector corresponden a los de las Obras Completas de Federico García Lorca, de la Editorial Losada (Buenos Aires), que se publicaron en 1938 (volumen III para *Yerma* y volumen V para *Doña Rosita la soltera*). Aquellos libros, cuidados por Guillermo de Torre y Margarita Xirgu, son, a pesar de sus limitaciones, la base de todas las ediciones solventes que se han hecho de estas obras. En nuestra transcripción corregimos, como hacen todos los editores, los descuidos obvios de los impresores, las erratas y las convenciones tipográficas de la época, pero respetamos las particularidades de unos textos transmitidos en forma de copias para actores y no revisados por su autor para ser editados. En especial, el lector advertirá un sistema de puntuación irregular, que mantenemos hasta donde parece tolerable para la lectura actual.

Para esta edición hemos tenido en cuenta las precisiones introducidas en ambas piezas por Mario Hernández (Alianza Editorial) en sus ediciones de 1981 y 1998 para *Yerma* y de 1998 para *Doña Rosita la soltera*, y hemos consultado las de Luis Martínez Cuitiño (Ed. Espasa Calpe) y de Miguel García Posada (Círculo de Lectores/Galaxia Gutenberg) de ambas piezas. Adoptamos de estos editores algunos detalles que aclaran el texto de Losada. Hemos procurado anotar al pie solo lo imprescindible, aunque en el caso de *Doña Rosita* ha sido necesario aclarar no pocas dudas léxicas, nombres propios y expresiones muy circunstanciadas a fin de acercar el texto al lector.

LORCA Y SU ÉPOCA

AÑO	DATOS BIOGRÁFICOS
1898	Nace en Fuente Vaqueros (Granada). Su madre le enseña las primeras letras. Asiste a la escuela del pueblo.
1899	
1900	
1901	
1902	

PANORAMA CULTURAL	ACONTECIMIENTOS HISTÓRICOS
Se suicida A. Ganivet. Émile Zola publica *J'accuse*.	España pierde sus últimas colonias de ultramar (Cuba, Puerto Rico y Filipinas) tras una guerra con Estados Unidos.
Rubén Darío: *La España contemporánea*.	
Juan R. Jiménez: *Ninfeas* y *Almas de violetas*. Pío Baroja: *Vidas sombrías*. Mueren F. Nietzsche y O. Wilde. Leon Tolstoi: *Resurrección*. Joseph Conrad: *Lord Jim*. Sigmund Freud: *La interpretación de los sueños*.	Guerra del Transvaal entre Gran Bretaña y los colonos bóers. Guerra de los bóxers en China.
Mueren R. de Campoamor y Leopoldo Alas «Clarín». Pío Baroja: *Aventuras, inventos y mixtificaciones de Silvestre Paradox*. B. Pérez Galdós estrena *Electra*. Thomas Mann: *Los Buddebroock*. Muere G. Verdi. Se conceden los primeros premios Nobel; René Sully-Prudhomme obtiene el de Literatura.	Campañas anticlericales en España. Apogeo del «regeneracionismo». Muere la reina Victoria de Inglaterra. T. Roosevelt, presidente de los Estados Unidos.
Pío Baroja: *Camino de perfección*. Azorín: *La voluntad*. Miguel de Unamuno: *Amor y pedagogía*. R. del Valle-Inclán: *Sonata de otoño*. V. Blasco Ibáñez: *Cañas y barro*. André Gide: *El inmoralista*. Máximo Gorki: *Los bajos fondos*. Rainer M.ª Rilke: *El libro de las imágenes*.	Mayoría de edad de Alfonso XIII. Huelga general en Barcelona. Estados Unidos compra la sociedad del canal del Panamá.

AÑO	DATOS BIOGRÁFICOS
1903	
1904	
1905	
1906	Traslado de la familia a Asquerosa (después llamado Valderrubio), pueblo cercano a Fuente Vaqueros.

PANORAMA CULTURAL	ACONTECIMIENTOS HISTÓRICOS
Pío Baroja: *El mayorazgo de Labraz*. Azorín: *Antonio Azorín*. Antonio Machado: *Soledades*. Juan R. Jiménez: *Arias tristes*. Jacinto Benavente: *La noche del sábado*. G. B. Shaw: *Hombre y superhombre*.	Gabinete conservador de Antonio Maura. Se afianza la autoridad de Lenin sobre los bolcheviques. Muere León XIII y le sucede Pío X.
R. Menéndez Pidal: *Manual de gramática histórica española*. Juan R. Jiménez: *Jardines lejanos*. Pío Baroja inicia la publicación de su trilogía «La lucha por la vida»: *La busca, Mala hierba* y *Aurora roja*. Azorín: *Las confesiones de un pequeño filósofo*. B. Pérez Galdós: *El abuelo*. Herman Hesse: *Peter Camezind*. Joseph Conrad: *Nostromo*. A. Rodin: *El pensador*. C. Debussy: *El mar*.	Alfonso XIII visita Barcelona en medio de la querella catalanista.
Miguel de Unamuno: *Vida de Don Quijote y Sancho*. Azorín: *la ruta de Don Quijote* y *Los pueblos*. Jacinto Benavente: *Rosas de otoño*. Rubén Darío: *Cantos de vida y esperanza*. Albert Einstein: *Teoría de la relatividad restringida*.	Primera revolución rusa.
Eugeni D'Ors comienza a publicar su *Glosari*. Josep Carner: *Els fruits saborosos*. S. Ramón y Cajal, junto con C. Golgi, obtiene el premio Nobel de Medicina.	Se inicia el protectorado español de Marruecos. Atentado fallido contra Alfonso XIII en el cortejo de su boda. Se funda la alianza Solidaritat Catalana.

AÑO	DATOS BIOGRÁFICOS
1907	
1908	Ingresa en el Instituto de Segunda Enseñanza de Almería.
1909	Abandona el Instituto de Almería y se traslada con su familia a Granada, donde continúa sus estudios. Aprende música con el organista Antonio Mesa Segura.

PANORAMA CULTURAL	ACONTECIMIENTOS HISTÓRICOS
Miguel de Unamuno: *Poesías*. Antonio Machado: *Soledades, galerías y otros poemas*. R. del Valle-Inclán: *Aromas de leyenda* y *Águila de blasón*. Joan Maragall: *Nausica*. Se crea la Junta para Ampliación de Estudios e Investigaciones Científicas. August Strindberg: *Sonata de los espectros*. Picasso: *Las señoritas de Avignon*. I. Albéniz: *Suite Iberia*.	Fundación de Solidaridad Obrera, de ideología anarquista.
Gabriel Miró: *Del vivir*. R. del Valle-Inclán: *Romance de lobos*. Ramón Gómez de la Serna: revista *Prometeo*. R. Menéndez Pidal edita el *Cantar del Cid*. Gilbert K. Chesterton: *El hombre que fue jueves*. Jules Romains: *La vida unánime*. Leónidas Andreiev: *Los siete ahorcados*.	Aparecen los «Jóvenes turcos» en el Imperio Otomano. Carlos I de Portugal muere asesinado. Aparece *Action française*, órgano de la extrema derecha francesa.
M. Machado: *El mal poema*. R. del Valle-Inclán: *El resplandor de la hoguera*. R. Gómez de la Serna: *El drama del palacio deshabitado*. Se crea el Centro de Estudios Históricos, que dirige R. Menéndez Pidal. F. T. Marinetti: *Primer Manifiesto Futurista*. Leopoldo Lugones: *Lunario sentimental*. Fundación de la *Nouvelle Revue Française*.	Las tropas españolas son derrotadas en el Barranco del Lobo (Marruecos). Semana Trágica de Barcelona. Dimisión del gobierno Maura. Fusilamiento del anarquista Ferrer Guardia.

AÑO	DATOS BIOGRÁFICOS
1910	
1911	
1912	

PANORAMA CULTURAL	ACONTECIMIENTOS HISTÓRICOS
Pío Baroja: *César o nada*. Gabriel Miró: *Las cerezas del cementerio*. Inicia sus actividades la Residencia de Estudiantes de Madrid. Rabindranat Tagore: *Ofrenda lírica*. Rainer M. Rilke: *Cuadernos de Malte Laurids Brigge*. Primeras obras abstractas de V. Kandiski. Primer motor Diesel.	Gobierno Liberal de José Canalejas. Se crea la Confederación Nacional del Trabajo (anarquista). Proclamación de la República en Portugal. Se inicia la Revolución mexicana.
Juan R. Jiménez: *Poemas mágicos y dolientes*. Salvador Rueda: *Poesías completas*. Pío Baroja: *Las inquietudes de Shanti Andía*. Francisco Villaespesa: *El alcázar de las perlas*. Eugeni D'Ors: *La bien plantada*. G. B. Shaw: *Pigmalion*. Saint-John Perse: *Elogios*. Ravel: *Dafnis y Cloe*. Marie Curie, premio Nobel de Química.	
Muere Marcelino Menéndez Pelayo. Antonio Machado: *Campos de Castilla*. Pío Baroja: *El árbol de la ciencia*. Azorín: *Castilla*. Paul Claudel: *La Anunciación de María*. I. Stravinski: *La consagración de la primavera*. A. Schömberg: *Pierrot lunar*.	Asesinato de Canalejas. Guerra en los Balcanes: los griegos conquistan Salónica a los turcos. Naufragio del *Titanic*.

AÑO	DATOS BIOGRÁFICOS
1913	
1914	
1915	Pretende realizar estudios superiores de música, pero su familia se opone. Ingresa en la Universidad de Granada, matriculado en Filosofía y Letras y Derecho.

PANORAMA CULTURAL	ACONTECIMIENTOS HISTÓRICOS
M. de Unamuno: *Del sentimiento trágico de la vida*. Azorín: *Clásicos y modernos*. R. Pérez de Ayala: *Troteras y danzaderas*. J. Benavente: *La malquerida*. Guillaume Apollinaire: *Alcools*. Georg Tralk: *Poesías*. Thomas Mann: *Muerte en Venecia*. Valéry Larbaud: *Obras completas de A. O. Barnabooth*. Marcel Proust publica el primer volumen de *A la busca del tiempo perdido, Por el camino de Swann*. M. de Falla: *La vida breve*.	Asesinado en México el presidente constitucional Madero. Revolución contra Huerta.
Juan R. Jiménez: *Platero y yo*. M. de Unamuno: *Niebla*. J. Ortega y Gasset: *Meditaciones del Quijote*. Carlos Arniches: *El amigo Melquíades*. James Joyce: *Gentes de Dublín*.	Tras el atentado de Sarajevo, estalla la Guerra Europea.
G. Miró: *El abuelo del rey*. Edgar Lee Masters: *Antología de Spoon River*. En Portugal se inicia la publicación de la revista *Orpheu*. A. Einstein: *Teoría de la relatividad generalizada*. M. de Falla: *El amor brujo*.	Italia entra en la guerra. Lenin impone sus tesis sobre el internacionalismo en la conferencia de partidos socialistas.

63

AÑO	DATOS BIOGRÁFICOS
1916	Viaje de estudios por España (Galicia, León, varias ciudades castellanas, Baeza, donde visita a A. Machado). Primeras prosas.
1917	
1918	Publica *Impresiones y paisajes* (prosas) en Granada. Primeros poemas. Forma parte de la tertulia «El Rinconcillo» con otros jóvenes granadinos.
1919	Se instala en la Residencia de Estudiantes de Madrid. Allí conoce a Luis Buñuel.

PANORAMA CULTURAL	ACONTECIMIENTOS HISTÓRICOS
Gabriel Miró: *Libro de Sigüenza*. C. Arniches: *La señorita de Trevélez*. Muere Rubén Darío. Franz Kafka: *La metamorfosis*. J. Joyce: *Retrato del artista adolescente*.	Primera batalla de Verdún. Sublevación de Irlanda contra el dominio inglés.
A. Machado publica sus primeras *Poesías completas*. F. Villaespesa: *Poesías escogidas*. J. R. Jiménez: *Diario de un poeta recien casado*. R. Gómez de la Serna: *Greguerías*. M. de Unamuno: *Abel Sánchez*. Paul Valéry: *La joven Parca*. Joseph Conrad: *La línea de sombra*.	Huelga general en agosto. Revueltas en el campo andaluz. Crisis de Estado y Gobierno de concentración, presidido por M. García Prieto. Estados Unidos interviene en la Guerra Europea. Revolución en Rusia. Triunfo de la Revolución mexicana. Constitución de Querétaro.
Carlos Arniches: *¡Que viene mi marido!* Primer manifiesto del Ultraísmo. G. Apollinaire: *Caligramas*. Vicente Huidobro: *Poemas árticos* y *Ecuatorial*. Tristan Tzara: *Manifiesto Dadá*.	Gobierno presidido por Antonio Maura. Rusia firma la paz con Alemania. Fusilamiento del zar Nicolás II y su familia. Fin de la Guerra Europea. Se concede el voto a las mujeres en Inglaterra.
Pedro Muñoz Seca: *La venganza de Don Mendo*. Carlos Riba: *Estances*. Giuseppe Ungaretti: *Allegria di naufraghi*. A. Gide: *La sinfonía pastoral*.	Se aprueba en España la jornada laboral de ocho horas. Tratado de Versalles. Es sofocada la rebelión «espartaquista» en Alemania. Constitución de Weimar. Comienza la resistencia pacífica de Gandhi en la India.

AÑO	DATOS BIOGRÁFICOS
1920	Estreno de *El maleficio de la mariposa* en el Teatro Eslava, bajo la dirección de Gregorio Martínez Sierra.
1921	Publica en Madrid *Libro de poemas*. Viaja con frecuencia a Granada, donde conoce a Manuel de Falla, con quien organiza el primer concurso de cante jondo. Trabaja en *Poema del cante jondo* y *Suites*.
1922	Conferencia sobre el cante jondo. Éxito del concurso en Granada. Empieza a escribir *Tragicomedia de don Cristóbal y la señá Rosita*.

PANORAMA CULTURAL	ACONTECIMIENTOS HISTÓRICOS
M. de Unamuno: *El cristo de Velázquez*. León Felipe: *Versos y oraciones del caminante*. R. del Valle-Inclán: *Divinas palabras, Luces de Bohemia y Farsa y licencia de la Reina castiza*. Paul Valéry: *El cementerio marino*.	Gobierno conservador de Eduardo Dato.
Dámaso Alonso: *Poemas puros. Poemillas de la ciudad*. R. Gómez de la Serna: *El doctor inverosímil*. R. Pérez de Ayala: *Belarmino y Apolonio*. G. Miró: *Nuestro Padre San Daniel*. Jacinto Grau: *El señor de Pigmalión*. Ezra Pound: *Cantos*. Luigi Pirandello: *Seis personajes en busca de autor*. L. Wittgenstein: *Tractatus logico-philosophicus*. A. Schömberg establece el sistema musical dodecafónico.	Muere asesinado el presidente E. Dato. Desastre de Annual. Nace el Partido Comunista Español, escisión del PSOE.
J. R. Jiménez: *Segunda antología poética*. Gerardo Diego: *Imagen*. César Vallejo: *Trilce*. James Joyce: *Ulises*. Alban Berg: *Wozzeck*. F. W. Murnau dirige *Nosferatu*.	Marcha de los fascistas sobre Roma. Mussolini, jefe del Gobierno. En Alemania, fuerte inflación y devaluación del marco. Pío XI, Papa.

AÑO	DATOS BIOGRÁFICOS
1923	Conoce en la Residencia a Salvador Dalí. Escribe las primeras escenas de *La zapatera prodigiosa* y algunos poemas de *Romancero gitano*. Sigue trabajando en *Suites* y otros poemas.
1924	Empieza a escribir *Amor de don Perlimplín con Belisa en su jardín*. Propone a Falla un libreto de ópera cómica: *Lola la comedianta*.
1925	Visita a Cadaqués con Dalí y su familia. Tiene listas para la escena *Mariana Pineda* y *La zapatera prodigiosa*. Escribe piezas escénicas breves *(Diálogos)*.

PANORAMA CULTURAL	ACONTECIMIENTOS HISTÓRICOS
José Bergamín: *El cohete y la estrella*. Wenceslao Fernández Florez. *El secreto de Barba Azul*. J. Ortega y Gasset funda la *Revista de Occidente*. Thomas S. Eliot: *La tierra baldía*. Rainer M. Rilke: *Elegías del Duino y Sonetos a Orfeo*. Italo Svevo: *La conciencia de Zeno*.	Pronunciamiento del general Primo de Rivera. Alfonso XIII acepta el Directorio Militar.
Pedro Salinas: *Presagios*. G. Diego: *Manual de espumas*. Saint John Perse: *Anábasis*. Pablo Neruda: *Veinte poemas de amor y una canción desesperada*. T. Mann: *La montaña mágica*. André Breton: *Manifiesto Surrealista*.	Primo de Rivera disuelve la CNT. Muere Lenin.
Rafael Alberti: *Marinero en tierra*. J. Ortega y Gasset: *La deshumanización del arte* e *Ideas sobre la novela*. Guillermo de Torre: *Literaturas europeas de vanguardia*. Eugenio Montale: *Huesos de sepia*. John Dos Passos: *Manhattan Transfer*. W. Faulkner: *La paga de los soldados*. Francis S. Fitzgerald: *El gran Gatsby*. S. M. Eisenstein: *El acorazado Potemkin*. C. Chaplin: *La quimera del oro*.	Desembarco en Alhucemas. Derrota de Abd-el-krim. Primer Gobierno civil de la Dictadura.

AÑO	DATOS BIOGRÁFICOS
1926	
1927	Estreno de *Mariana Pineda* en Barcelona, con Margarita Xirgu y decorados de Dalí. Publica *Canciones*. Participa en el homenaje que los jóvenes poetas dedican a Góngora en Sevilla.
1928	Publicación de *Romancero gitano*.
1929	La censura prohíbe el estreno de *Amor de don Perlimplín con Belisa en su jardín*. En junio, tras visitar de paso París y Londres, viaja a Nueva York.

PANORAMA CULTURAL	ACONTECIMIENTOS HISTÓRICOS
Manuel Altolaguirre: *Las islas invitadas*. G. Miró: *El obispo leproso*. R. del Vallé-Inclán: *Tirano Banderas*. R. Pérez de Ayala: *Tigre Juan*. R. Menéndez Pidal: *Orígenes del español*. Se constituye el Círculo Lingüístico de Praga.	Nuevas dictaduras en Europa: Polonia, Grecia y Portugal.
Celebración del centenario de la muerte de Góngora. Rafael Alberti: *Cal y canto*. Luis Cernuda: *Perfil del aire*. Emilio Prados: *Vuelta*. Manuel Azaña: *El jardín de los frailes*. Enrique Jardiel Poncela: *Una noche de primavera sin sueño*. Gottfried Benn: *Poesías*. Hermann Hesse: *El lobo estepario*. M. Heidegger: *El ser y el tiempo*. G. Marconi consigue el enlace telefónico interoceánico.	Se crea la Federación Anarquista Ibérica. Guerra civil en China.
Vicente Aleixandre: *Ámbito*. Jorge Guillén: *Cántico*. Virginia Woolf: *Orlando*. D. H. Lawrence: *El amante de Lady Chatterley*. Bertolt Brecht: *La ópera de perra gorda*. L. Buñuel y S. Dalí filman *El perro andaluz*.	Se crea el monopolio CAMPSA.
R. Alberti: *Sobre los ángeles*. J. Moreno Villa: *Jacinta la pelirroja*. J. Ortega y Gasset: *La rebelión de las masas*.	Se hunde la Bolsa de Nueva York. Gran depresión económica mundial. Se funda el Partido Nacionalsocialista alemán.

AÑO	DATOS BIOGRÁFICOS
1930	En Nueva York escribe numerosos poemas, el guion cinematográfico *Viaje a la Luna* y gran parte del drama *El público*. Tras una escala de tres meses en Cuba, vuelve a España en el verano. Estreno de *La zapatera prodigiosa* en Madrid.
1931	Publica *Poema del cante jondo*. Escribe *Así que pasen cinco años* y los primeros poemas de *Diván del Tamarit*.
1932	Dirige la compañía teatral «La Barraca». Escribe *Bodas de sangre*.

PANORAMA CULTURAL	ACONTECIMIENTOS HISTÓRICOS
M. de Unamuno: *San Manuel Bueno, mártir*. R. del Valle-Inclán: *Martes de Carnaval*. Ramón J. Sender: *Imán*. Emilio García Gómez: *Poemas arábigoandaluces*. Francis Scott Fitzgerald: *Suave es la noche*. Robert Musil: *El hombre sin atributos*. Miguel Ángel Asturias: *Leyendas de Guatemala*. S. Freud: *El malestar en la cultura*. L. Buñuel: *La edad de oro*.	Dimite Primo de Rivera. Gabinete Berenguer. Fermín Galán proclama la República en Jaca. El partido nazi gana las elecciones en Alemania con un 18 por 100 de votos.
W. Fernández Florez: *El malvado Carabel*. R. Gómez de la Serna: *Ismos*. Antoine de Saint-Exupéry: *Vuelo nocturno*. C. Chaplin: *Luces de la ciudad*.	En España, las elecciones municipales dan la victoria a los republicanos. Alfonso XIII abandona el país. Asamblea Constituyente. Alcalá Zamora, presidente de la República y M. Azaña, del Consejo de Ministros. Japón invade Manchuria. Pío XI: *Quadragesimo Anno*, encíclica sobre la cuestión social.
G. Diego: *Fábula de Equis y Zeda*. V. Aleixandre: *Espadas como labios*. Céline: *Viaje al fin de la noche*. Aldous Huxley: *Un mundo feliz*. François Mauriac: *Nudo de víboras*. A. Schönberg acaba (en Barcelona) *Moisés y Aarón*.	Rebelión frustrada del general Sanjurjo. Aprobación del Estatuto de Cataluña. Guerra del Chaco entre Bolivia y Paraguay. A. Oliveira Salazar, presidente de Portugal. Franklin D. Roosevelt, presidente de los Estados Unidos.

AÑO	DATOS BIOGRÁFICOS
1933	Estreno en Madrid de *Amor de don Perlimplín* (en sesión privada) y de *Bodas de sangre,* que se estrena también en Barcelona y Buenos Aires, adonde viaja en octubre.
1934	En Buenos Aires estrena también *La zapatera prodigiosa, Retablillo de don Cristóbal* y *Mariana Pineda*. En marzo, vuelve a España. Ignacio Sánchez Mejías muere cogido por un toro. A finales de año, estreno de *Yerma*.
1935	Publica *Llanto por Ignacio Sánchez Mejías*. Estreno de *Doña Rosita la soltera* en Barcelona, y reposición de varias obras anteriores en Madrid y Barcelona. En Nueva York se estrena la versión inglesa de *Bodas de sangre*. Trabaja en *Comedia sin título*.
1936	Publica *Primeras canciones*. En julio viaja a Granada para asistir a una fiesta familiar. Tras la rebelión militar, se refugia en casa de la familia Rosales, que no puede impedir su detención e inmediato fusilamiento a mediados de agosto.

PANORAMA CULTURAL	ACONTECIMIENTOS HISTÓRICOS
Rafael Alberti: *Consignas*. Pedro Salinas: *La voz a ti debida*. André Malraux. *La condición humana*. Los esposos Joliot-Curie desarrollan la radiactividad artificial. Primera fibra sintética: el plexiglás.	Matanza de Casas Viejas y caída del Gobierno. Lerroux, nuevo presidente del Consejo de Ministros. La derecha gana las elecciones generales en noviembre. Incendio del Parlamento alemán: Hitler es proclamado canciller.
Enrique Jardiel Poncela: *Angelina o el honor de un brigadier*. Alejandro Casona: *La sirena varada*. Fernando Pessoa: *Mensagem*. Henry Miller: *Trópico de Cáncer*. Jean Giono: *El canto del mundo*. R. Graves: *Yo, Claudio*.	Revolución de octubre en Asturias. Persecución de socialistas en Austria. «Noche de los cuchillos largos» en Alemania, e incremento del poder de Hitler. Lázaro Cárdenas, presidente de México.
Centenario de la muerte de Lope de Vega. V. Aleixandre: *La destrucción o el amor*. Luis Rosales: *Abril*. Ramón J. Sender: *Mr. Witt en el cantón*. Konstantin Cavafis: *Poesías* (edición póstuma). Desarrollo del radar.	El Gobierno de la derecha se extrema tomando medidas antirrepublicanas. Italia inicia la conquista de Etiopía.
Mueren Unamuno y Valle-Inclán. Centenario del nacimiento de G. A. Bécquer. J. R. Jiménez: *Canción*. L. Cernuda: *La realidad y el deseo*. M. Hernández: *El rayo que no cesa*. P. Salinas: *Razón de amor*. A. Machado: *Juan de Mairena*. G. Bernanos: *Diario de un cura rural*. J. G. Borges: *Historia de la eternidad*. S. Prokofiev: *Pedro y el lobo* y *Romeo y Julieta*.	En febrero, gana las elecciones el Frente Popular. El 18 de julio, el general Franco inicia la rebelión militar. En Francia, victoria electoral del Frente Popular. Alianza entre Alemania y Japón.

Bibliografía

❧

EDWARDS, Gwynne: *El teatro de Federico García Lorca*, Ed. Gredos, Madrid, 1983.

DEVOTO, Daniel: «*Doña Rosita la soltera:* estructura y fuentes», *Bulletin Hispanique*, LXIX, 1967, páginas 407-435.

GARCÍA LORCA, Federico: *Doña Rosita la soltera o El lenguaje de las flores*, edición de Luis Martínez Cuitiño, Ed. Espasa Calpe, Col. Austral, Madrid, 1992.

— *Doña Rosita la soltera o El lenguaje de las flores* y *Los sueños de mi prima Aurelia*, edición de Mario Hernández, Alianza Editorial, Madrid, 1998.

— *Yerma*, edición de Mario Hernández, Alianza Editorial, Madrid, 1981 (y edición revisada de 1998).

— *Obras completas* (vol. I: Poesía; vol. II: Teatro; vol. III: Prosa), edición de Miguel García Posada, Ed. Galaxia Gutenberg y Círculo de Lectores, Madrid, 1998.

GARCÍA LORCA, Francisco: *Federico y su mundo*, Alianza, Madrid, 1990.

GIBSON, Ian: *Vida, pasión y muerte de Federico García Lorca*, Ed. Plaza y Janés, Barcelona, 1998.

77

GIL, Ildefonso Manuel (ed.): *Federico García Lorca*, Ed. Taurus, Col. «El escritor y la crítica», Madrid, 1973.

LAFFRANQUE, Marie: *Federico García Lorca*, Ed. Séguer, París, 1966.

— *Les idées esthétiques de Federico García Lorca*, Centre de Recherches Hispaniques, París, 1967.

LIMA, Robert: *The theatre of García Lorca*, Las Américas Publishing Co., Nueva York, 1963.

MARTÍN, Eutimio: *Federico García Lorca. Antología comentada*, Ed. de la Torre, Madrid, 1989.

MONLEÓN, José: *García Lorca. Vida y obra de un poeta*, Ed. Aymá, Barcelona, 1974.

RUIZ RAMÓN, Francisco: *Historia del teatro español. Siglo XX*, Ed. Cátedra, Madrid, 1997.

TORRENTE BALLESTER, Gonzalo: *Teatro español contemporáneo*, Ed. Guadarrama, Madrid, 1968.

YERMA

Poema trágico en tres actos y seis cuadros

PERSONAJES

YERMA.
MARÍA.
VIEJA PAGANA.
DOLORES.
LAVANDERA PRIMERA.
LAVANDERA SEGUNDA.
LAVANDERA TERCERA.
LAVANDERA CUARTA.
LAVANDERA QUINTA.
LAVANDERA SEXTA.
MUCHACHA PRIMERA.
MUCHACHA SEGUNDA.

HEMBRA.
CUÑADA PRIMERA.
CUÑADA SEGUNDA.
MUJER PRIMERA.
JUAN.
VÍCTOR.
MACHO.
HOMBRE PRIMERO.
HOMBRE SEGUNDO.
HOMBRE TERCERO.
NIÑOS.

ACTO PRIMERO

CUADRO PRIMERO

Al levantarse el telón está YERMA *dormida con un* tabaque[1] *de costura a los pies. La escena tiene una extraña luz de sueño. Un* PASTOR *sale de puntillas mirando fijamente a Yerma. Lleva de la mano a un* NIÑO VESTIDO DE BLANCO. *Suena el reloj. Cuando sale el* PASTOR, *la luz azul se cambia por una alegre luz de mañana de primavera.* YERMA *se despierta.*

CANTO.—*(Voz dentro.)*
A la nana, nana, nana,
a la nanita le haremos
una chocita en el campo
y en ella nos meteremos.

YERMA.—Juan. ¿Me oyes? Juan.
JUAN.—Voy.

---

[1] *Tabaque:* cestillo o canastillo de mimbre.

YERMA.—Ya es la hora.

JUAN.—¿Pasaron las yuntas[2]?

YERMA.—Ya pasaron.

JUAN.—Hasta luego. *(Va a salir.)*

YERMA.—¿No tomas un vaso de leche?

JUAN.—¿Para qué?

YERMA.—Trabajas mucho y no tienes tú cuerpo para resistir los trabajos.

JUAN.—Cuando los hombres se quedan enjutos se ponen fuertes como el acero.

YERMA.—Pero tú no. Cuando nos casamos eras otro. Ahora tienes la cara blanca como si no te diera en ella el sol. A mí me gustaría que fueras al río y nadaras, y que te subieras al tejado cuando la lluvia cala nuestra vivienda. Veinticuatro meses llevamos casados y tú cada vez más triste, más enjuto, como si crecieras al revés.

JUAN.—¿Has acabado?

YERMA.—*(Levantándose.)* No lo tomes a mal. Si yo estuviera enferma me gustaría que tú me cuidases. «Mi mujer está enferma: voy a matar este cordero para hacerle un buen guiso de carne. Mi mujer está enferma: voy a guardar esta enjundia de gallina para aliviar su pecho; voy a llevarle esta piel de oveja para guardar sus pies de la nieve.» Así soy yo. Por eso te cuido.

JUAN.—Y yo te lo agradezco.

YERMA.—Pero no te dejas cuidar.

---

[2] *Yunta:* par de mulas, bueyes u otros animales de tiro que sirven en la labor del campo o en los acarreos.

JUAN.—Es que no tengo nada. Todas esas cosas son suposiciones tuyas. Trabajo mucho. Cada año seré más viejo.

YERMA.—Cada año... Tú y yo seguiremos aquí cada año...

JUAN.—(*Sonriente.*) Naturalmente. Y bien sosegados. Las cosas de la labor van bien, no tenemos hijos que gasten.

YERMA.—No tenemos hijos... ¡Juan!

JUAN.—Dime.

YERMA.—¿Es que yo no te quiero a ti?

JUAN.—Me quieres.

YERMA.—Yo conozco muchachas que han temblado y que lloraron antes de entrar en la cama con sus maridos. ¿Lloré yo la primera vez que me acosté contigo? ¿No cantaba al levantar los embozos de holanda? ¿Y no te dije: «¡Cómo huelen a manzana estas ropas!».

JUAN.—¡Eso dijiste!

YERMA.—Mi madre lloró porque no sentí separarme de ella. ¡Y era verdad! Nadie se casó con más alegría. Y sin embargo...

JUAN.—Calla.

YERMA.—Y sin embargo...

JUAN.—Calla. Demasiado trabajo tengo yo con oír en todo momento...

YERMA.—No. No me repitas lo que dicen. Yo veo por mis ojos que eso no puede ser... A fuerza de caer la lluvia sobre las piedras éstas se ablandan y hacen crecer jaramagos, que las gentes dicen que no sirven para nada. Los jaramagos no sirven para nada, pero yo bien los veo mover sus flores amarillas en el aire.

JUAN.—¡Hay que esperar!

YERMA.—¡Sí, queriendo! (YERMA *abraza y besa al marido tomando ella la iniciativa.*)

JUAN.—Si necesitas algo me lo dices y lo traeré. Ya sabes que no me gusta que salgas.

YERMA.—Nunca salgo.

JUAN.—Estás mejor aquí.

YERMA.—Sí.

JUAN.—La calle es para la gente desocupada.

YERMA.—*(Sombría.)* Claro.

(El marido sale y YERMA *se dirige a la costura, se pasa la mano por el vientre, alza los brazos en un hermoso bostezo y se sienta a coser.)*

¿De dónde vienes, amor, mi niño?

«De la cresta del duro frío.»

¿Qué necesitas, amor, mi niño?

«La tibia tela de tu vestido.»

(Enhebra la aguja.)

¡Que se agiten los ramos al sol
y salten las fuentes alrededor!

(Como si hablara con un niño.)

En el patio ladra el perro,
en los árboles canta el viento.
Los bueyes mugen al boyero
y la luna me riza los cabellos.
¿Qué pides, niño, desde tan lejos? *(Pausa.)*
«Los blancos montes que hay en tu pecho.»

¡Que se agiten los ramos al sol
y salten las fuentes alrededor!
(Cosiendo.)
Te diré, niño mío, que sí.
Tronchada y rota soy para ti.
¡Cómo me duele esta cintura
donde tendrás primera cuna!
¿Cuándo, mi niño, vas a venir? *(Pausa.)*
«Cuando tu carne huela a jazmín.»
¡Que se agiten los ramos al sol
y salten las fuentes alrededor!
(YERMA *queda cantando. Por la puerta entra* MARÍA,
que viene con un lío de ropa.)
¿De dónde vienes?
MARÍA.—De la tienda.
YERMA.—¿De la tienda tan temprano?
MARÍA.—Por mi gusto hubiera esperado en la puerta
a que abrieran. ¿Y a que no sabes lo que he comprado?
YERMA.—Habrás comprado café para el desayuno,
azúcar, los panes.
MARÍA.—No. He comprado encajes, tres varas de
hilo, cintas y lana de color para hacer madroños [3]. El
dinero lo tenía mi marido y me lo ha dado él mismo.
YERMA.—Te vas a hacer una blusa.
MARÍA.—No; es porque... ¿sabes?
YERMA.—¿Qué?

---

[3] *Madroño:* adorno que consiste en una bola pequeña semejante al fruto del madroño.

MARÍA.—Porque ¡ya ha llegado! *(Queda con la cabeza baja.* YERMA *se levanta y queda mirándola con admiración.)*

YERMA.—¡A los cinco meses!

MARÍA.—Sí.

YERMA.—¿Te has dado cuenta de ello?

MARÍA.—Naturalmente.

YERMA.—*(Con curiosidad.)* ¿Y qué sientes?

MARÍA.—No sé. Angustia.

YERMA.—*(Agarrada a ella.)* Angustia. Pero... ¿cuándo llegó? Dime... Tú estabas descuidada...

MARÍA.—Sí, descuidada.

YERMA.—Estarías cantando, ¿verdad? Yo canto. ¿Tú?..., dime.

MARÍA.—No me preguntes. ¿No has tenido nunca un pájaro vivo apretado en la mano?

YERMA.—Sí.

MARÍA.—Pues lo mismo..., pero por dentro de la sangre.

YERMA.—¡Qué hermosura! *(La mira extraviada.)*

MARÍA.—Estoy aturdida. No sé nada.

YERMA.—¿De qué?

MARÍA.—De lo que tengo que hacer. Le preguntaré a mi madre.

YERMA.—¿Para qué? Ya está vieja y habrá olvidado estas cosas. No andes mucho y, cuando respires, respira tan suave como si tuvieras una rosa entre los dientes.

MARÍA.—Oye, dicen que más adelante te empuja suavemente con las piernecitas.

YERMA. — Y entonces es cuando se le quiere más, cuando se dice ya ¡mi hijo!

MARÍA. — En medio de todo tengo vergüenza.

YERMA. — ¿Qué ha dicho tu marido?

MARÍA. — Nada.

YERMA. — ¿Te quiere mucho?

MARÍA. — No me lo dice, pero se pone junto a mí y sus ojos tiemblan como dos hojas verdes.

YERMA. — ¿Sabía él que tú...?

MARÍA. — Sí.

YERMA. — ¿Y por qué lo sabía?

MARÍA. — No sé. Pero la noche que nos casamos me lo decía constantemente con su boca puesta en mi mejilla, tanto que a mí me parece que mi niño es un palomo de lumbre que él me deslizó por la oreja.

YERMA. — ¡Dichosa!

MARÍA. — Pero tú estás más enterada de esto que yo.

YERMA. — ¿De qué me sirve?

MARÍA. — ¡Es verdad! ¿Por qué será eso? De todas las novias de tu tiempo tú eres la única...

YERMA. — Es así. Claro que todavía es tiempo. Elena tardó tres años, y otras antiguas del tiempo de mi madre, mucho más, pero dos años y veinte días, como yo, es demasiada espera. Pienso que no es justo que yo me consuma aquí. Muchas veces salgo descalza al patio para pisar la tierra, no sé por qué. Si sigo así, acabaré volviéndome mala.

MARÍA. — Pero ven acá, criatura. Hablas como si fueras una vieja. ¡Qué digo! Nadie puede quejarse de estas cosas. Una hermana de mi madre lo tuvo a los catorce años, ¡y si vieras qué hermosura de niño!

YERMA.—*(Con ansiedad.)* ¿Qué hacía?

MARÍA.—Lloraba como un torito, con la fuerza de mil cigarras cantando a la vez, y nos orinaba y nos tiraba de las trenzas y, cuando tuvo cuatro meses, nos llenaba la cara de arañazos.

YERMA.—*(Riendo.)* Pero esas cosas no duelen.

MARÍA.—Te diré...

YERMA.—¡Bah! Yo he visto a mi hermana dar de mamar a su niño con el pecho lleno de grietas y le producía un gran dolor, pero era un dolor fresco, bueno, necesario para la salud.

MARÍA.—Dicen que con los hijos se sufre mucho.

YERMA.—Mentira. Eso lo dicen las madres débiles, las quejumbrosas. ¿Para qué los tienen? Tener un hijo no es tener un ramo de rosas. Hemos de sufrir para verlos crecer. Yo pienso que se nos va la mitad de nuestra sangre. Pero esto es bueno, sano, hermoso. Cada mujer tiene sangre para cuatro o cinco hijos, y cuando no los tienen[4] se les vuelve veneno, como me va a pasar a mí.

MARÍA.—No sé lo que tengo.

YERMA.—Siempre oí decir que las primerizas tienen susto.

MARÍA.—*(Tímida.)* Veremos... Como tú coses tan bien...

YERMA.—*(Cogiendo el lío.)* Trae. Te cortaré los trajecitos. ¿Y esto?

MARÍA.—Son los pañales.

---

[4] Concordancia impropia —*ad sensum*—, nada extraña en Lorca y procedente del habla popular.

YERMA.—Bien. *(Se sienta.)*

MARÍA.—Entonces... Hasta luego. *(Se acerca y* YERMA *le coge amorosamente el vientre con las manos.)*

YERMA.—No corras por las piedras de la calle.

MARÍA.—Adiós. *(La besa. Sale.)*

YERMA.—Vuelve pronto. (YERMA *queda en la misma actitud que al principio. Coge las tijeras y empieza a cortar. Sale* VÍCTOR.) Adiós, Víctor.

VÍCTOR.—*(Es profundo y lleva firme gravedad.)* ¿Y Juan?

YERMA.—En el campo.

VÍCTOR.—¿Qué coses?

YERMA.—Corto unos pañales.

VÍCTOR.—*(Sonriente.)* ¡Vamos!

YERMA.—*(Ríe.)* Los voy a rodear de encajes.

VÍCTOR.—Si es niña le pondrás tu nombre.

YERMA.—*(Temblando.)* ¿Cómo?

VÍCTOR.—Me alegro por ti.

YERMA.—*(Casi ahogada.)* No..., no son para mí. Son para el hijo de María.

VÍCTOR.—Bueno, pues a ver si con el ejemplo te animas. En esta casa hace falta un niño.

YERMA.—*(Con angustia.)* ¡Hace falta!

VÍCTOR.—Pues adelante. Dile a tu marido que piense menos en el trabajo. Quiere juntar dinero y lo juntará, pero ¿a quién lo va a dejar cuando se muera? Yo me voy con las ovejas. Dile a Juan que recoja las dos que me compró y, en cuanto a lo otro..., ¡que ahonde! *(Se va sonriente.)*

YERMA.—*(Con pasión.)* Eso; ¡que ahonde! (YERMA, *que en actitud pensativa se levanta y acude al sitio donde ha estado* VÍCTOR *y respira fuertemente como si respirara aire de montaña, después va al otro lado de la habitación, como buscando algo, y de allí vuelve a sentarse y coge otra vez la costura. Comienza a coser y queda con los ojos fijos en un punto.)*

> Te diré, niño mío, que sí.
> Tronchada y rota soy para ti.
> ¡Cómo me duele esta cintura
> donde tendrás primera cuna!
> ¿Cuándo, mi niño, vas a venir?
> «¡Cuando tu carne huela a jazmín!»

TELÓN

CUADRO SEGUNDO

Campo. Sale YERMA. *Trae una cesta.*

(Sale la VIEJA PRIMERA.*)*

YERMA.—Buenos días.

VIEJA.—Buenos los tenga la hermosa muchacha. ¿Dónde vas?

YERMA.—Vengo de llevar la comida a mi esposo, que trabaja en los olivos.

VIEJA.—¿Llevas mucho tiempo casada?

YERMA.—Tres años.

VIEJA.—¿Tienes hijos?

YERMA.—No.

VIEJA.—¡Bah! ¡Ya tendrás!

YERMA.—*(Con ansia.)* ¿Usted lo cree?

VIEJA.—¿Por qué no? *(Se sienta.)* También yo vengo de traer la comida a mi esposo. Es viejo. Todavía trabaja. Tengo nueve hijos como nueve soles, pero, como ninguno es hembra, aquí me tienes a mí de un lado para otro.

YERMA.—Usted vive al otro lado del río.

VIEJA.—Sí. En los molinos. ¿De qué familia eres tú?

YERMA.—Yo soy hija de Enrique el pastor.

VIEJA.—¡Ah! Enrique el pastor. Lo conocí. Buena gente. Levantarse, sudar, comer unos panes y morirse. Ni más juego, ni más nada. Las ferias, para otros. Criaturas de silencio. Pude haberme casado con un tío tuyo. Pero ¡ca! Yo he sido una mujer de faldas en el aire, he ido flechada a la tajada de melón, a la fiesta, a

93

la torta de azúcar. Muchas veces me he asomado de madrugada a la puerta creyendo oír música de bandurrías que iba, que venía, pero era el aire. *(Ríe.)* Te vas a reír de mí. He tenido dos maridos, catorce hijos, seis murieron [5] y, sin embargo, no estoy triste y quisiera vivir mucho más. Es lo que digo yo: las higueras, ¡cuánto duran!, las casas, ¡cuánto duran!; y solo nosotras, las endemoniadas mujeres, nos hacemos polvo por cualquier cosa.

YERMA.—Yo quisiera hacerle una pregunta.

VIEJA.—¿A ver? *(La mira.)* Ya sé lo que me vas a decir. De estas cosas no se puede decir palabra. *(Se levanta.)*

YERMA.—*(Deteniéndola.)* ¿Por qué no? Me ha dado confianza el oírla hablar. Hace tiempo estoy deseando tener conversación con mujer vieja. Porque yo quiero enterarme. Sí. Usted me dirá...

VIEJA.—¿Qué?

YERMA.—*(Bajando la voz.)* Lo que usted sabe. ¿Por qué estoy yo seca? ¿Me he de quedar en plena vida para cuidar aves o poner cortinitas planchadas en mi ventanillo? No. Usted me ha de decir lo que tengo que hacer, que yo haré lo que sea, aunque me mande clavarme agujas en el sitio más débil de mis ojos.

VIEJA.—¿Yo? Yo no sé nada. Yo me he puesto boca arriba y he comenzado a cantar. Los hijos llegan como

---

[5] *Catorce hijos, seis murieron:* así, en todas las ediciones consultadas. Descuido intrascendente de Lorca, pues poco antes la Vieja ha dicho que tiene nueve hijos.

el agua. ¡Ay! ¿Quién puede decir que este cuerpo que tienes no es hermoso? Pisas y al fondo de la calle relincha el caballo. ¡Ay! Déjame, muchacha, no me hagas hablar. Pienso muchas ideas que no quiero decir.

YERMA. —¿Por qué? Con mi marido no hablo de otra cosa.

VIEJA. —Oye. ¿A ti te gusta tu marido?

YERMA. —¿Cómo?

VIEJA. —¿Que si lo quieres? ¿Si deseas estar con él?...

YERMA. —No sé.

VIEJA. —¿No tiemblas cuando se acerca a ti? ¿No te da así como un sueño cuando acerca sus labios? Dime.

YERMA. —No. No lo he sentido nunca.

VIEJA. —¿Nunca? ¿Ni cuando has bailado?

YERMA. —*(Recordando.)* Quizá... Una vez... Víctor...

VIEJA. —Sigue.

YERMA. —Me cogió de la cintura y no pude decirle nada porque no podía hablar. Otra vez, el mismo Víctor, teniendo yo catorce años (él era un zagalón), me cogió en sus brazos para saltar una acequia y me entró un temblor que me sonaron los dientes. Pero es que yo he sido vergonzosa.

VIEJA. —¿Y con tu marido?...

YERMA. —Mi marido es otra cosa. Me lo dio mi padre y yo lo acepté. Con alegría. Esta es la pura verdad. Pues el primer día que me puse novia con él ya pensé... en los hijos. Y me miraba en sus ojos. Sí, pero era para verme muy chica, muy manejable, como si yo misma fuera hija mía.

VIEJA.—Todo lo contrario que yo. Quizá por eso no hayas parido a tiempo. Los hombres tienen que gustar, muchacha. Han de deshacernos las trenzas y darnos de beber agua con su misma boca. Así corre el mundo.

YERMA.—El tuyo; que el mío, no. Yo pienso muchas cosas, muchas, y estoy segura que las cosas que pienso las ha de realizar mi hijo. Yo me entregué a mi marido por él, y me sigo entregando para ver si llega, pero nunca por divertirme.

VIEJA.—¡Y resulta que estás vacía!

YERMA.—No, vacía no, porque me estoy llenando de odio. Dime, ¿tengo yo la culpa? ¿Es preciso buscar en el hombre al hombre nada más? Entonces, ¿qué vas a pensar cuando te deja en la cama con los ojos tristes mirando al techo y da media vuelta y se duerme? ¿He de quedarme pensando en él o en lo que puede salir relumbrando de mi pecho? Yo no sé, ¡pero dímelo tú, por caridad! *(Se arrodilla.)*

VIEJA.—¡Ay, qué flor abierta! ¡Qué criatura tan hermosa eres! Déjame. No me hagas hablar más. No quiero hablarte más. Son asuntos de honra y yo no quemo la honra de nadie. Tú sabrás. De todos modos, debías ser menos inocente.

YERMA.—*(Triste.)* Las muchachas que se crían en el campo, como yo, tienen cerradas todas las puertas. Todo se vuelve medias palabras, gestos, porque todas estas cosas dicen que no se pueden saber. Y tú también, tú también te callas y te vas con aire de doctora, sabiéndolo todo, pero negándolo a la que se muere de sed.

VIEJA.—A otra mujer serena yo le hablaría. A ti, no. Soy vieja y sé lo que digo.

YERMA.—Entonces, que Dios me ampare.

VIEJA.—Dios, no. A mí no me ha gustado nunca Dios. ¿Cuándo os vais a dar cuenta de que no existe? Son los hombres los que te tienen que amparar.

YERMA.—Pero ¿por qué me dices eso?, ¿por qué?

VIEJA.—*(Yéndose.)* Aunque debía haber Dios, aunque fuera pequeñito, para que mandara rayos contra los hombres de simiente podrida que encharcan la alegría de los campos.

YERMA.—No sé lo que me quieres decir.

VIEJA.—*(Sigue.)* Bueno, yo me entiendo. No pases tristeza. Espera en firme. Eres muy joven todavía. ¿Qué quieres que haga yo? *(Se va.)*

(Aparecen dos MUCHACHAS.*)*

MUCHACHA 1.ª—Por todas partes nos vamos encontrando gente.

YERMA.—Con las faenas los hombres están en los olivos, hay que traerles de comer. No quedan en las casas más que los ancianos.

MUCHACHA 2.ª—¿Tú regresas al pueblo?

YERMA.—Hacia allá voy.

MUCHACHA 1.ª—Yo llevo mucha prisa. Me dejé al niño dormido y no hay nadie en casa.

YERMA.—Pues aligera, mujer. Los niños no se pueden dejar solos. ¿Hay cerdos en tu casa?

MUCHACHA 1.ª—No. Pero tienes razón. Voy deprisa.

YERMA.—Anda. Así pasan las cosas. Seguramente lo has dejado encerrado.

MUCHACHA 1.ª—Es natural.

YERMA.—Sí, pero es que no os dais cuenta de lo que es un niño pequeño. La causa que nos parece más inofensiva puede acabar con él. Una agujita, un sorbo de agua.

MUCHACHA 1.ª—Tienes razón. Voy corriendo. Es que no me doy bien cuenta de las cosas.

YERMA.—Anda.

MUCHACHA 2.ª—Si tuvieras cuatro o cinco, no hablarías así.

YERMA.—¿Por qué? Aunque tuviera cuarenta.

MUCHACHA 2.ª—De todos modos, tú y yo, con no tenerlos, vivimos más tranquilas.

YERMA.—Yo, no.

MUCHACHA 2.ª—Yo, sí. ¡Qué afán! En cambio mi madre no hace más que darme yerbajos para que los tenga y en octubre iremos al Santo [6], que dicen los da a la que lo pide con ansia. Mi madre pedirá. Yo, no.

YERMA.—¿Por qué te has casado?

MUCHACHA 2.ª—Porque me han casado. Se casan todas. Si seguimos así, no va a haber solteras más que las niñas. Bueno, y además…, una se casa en realidad mucho antes de ir a la iglesia. Pero las viejas se empeñan en todas estas cosas. Yo tengo diecinueve años y no me gusta guisar, ni lavar. Bueno, pues todo el día he de estar haciendo lo que no me gusta. ¿Y para qué? ¿Qué necesidad tiene mi marido de ser mi marido? Porque lo mismo hacíamos de novios que ahora. Tonterías de los viejos.

---

[6] *Iremos al Santo:* a la ermita donde se adora una imagen (Santo) milagrosa. Así se anuncia la romería del cuadro último.

YERMA.—Calla, no digas esas cosas.

MUCHACHA 2.ª—También tú me dirás loca. «¡La loca, la loca!» *(Ríe.)* Yo te puedo decir lo único que he aprendido en la vida: toda la gente está metida dentro de sus casas haciendo lo que no les gusta. Cuánto mejor se está en medio de la calle. Ya voy al arroyo, ya subo a tocar las campanas, ya me tomo un refresco de anís.

YERMA.—Eres una niña.

MUCHACHA 2.ª—Claro, pero no estoy loca. *(Ríe.)*

YERMA.—¿Tu madre vive en la parte más alta del pueblo?

MUCHACHA 2.ª—Sí.

YERMA.—¿En la última casa?

MUCHACHA 2.ª—Sí.

YERMA.—¿Cómo se llama?

MUCHACHA 2.ª—Dolores. ¿Por qué preguntas?

YERMA.—Por nada.

MUCHACHA 2.ª—Por algo preguntarás.

YERMA.—No sé... Es un decir...

MUCHACHA 2.ª—Allá tú... Mira, me voy a dar la comida a mi marido. *(Ríe.)* Es lo que hay que ver. ¡Qué lástima no poder decir mi novio! ¿Verdad? *(Se va riendo alegremente.)* ¡Adiós!

VOZ DE VÍCTOR.—*(Cantando.)*

> ¿Por qué duermes solo, pastor?
> ¿Por qué duermes solo, pastor?
> En mi colcha de lana
> dormirías mejor.
> ¿Por qué duermes solo, pastor?

YERMA.—*(Escuchando.)*

¿Por qué duermes solo, pastor?
En mi colcha de lana
dormirías mejor.
Tu colcha de oscura piedra,
pastor,
y tu camisa de escarcha,
pastor,
juncos grises del invierno
en la noche de tu cama.
Los robles ponen agujas,
pastor,
debajo de tu almohada,
pastor,
y si oyes voz de mujer
es la rota voz del agua,
pastor, pastor.
¿Qué quiere el monte de ti,
pastor?
Monte de hierbas amargas,
¿qué niño te está matando?
¡La espina de la retama!

(Va a salir y se tropieza con VÍCTOR, *que entra.)*

VÍCTOR.—*(Alegre.)* ¿Dónde va lo hermoso?

YERMA.—¿Cantabas tú?

VÍCTOR.—Yo.

YERMA.—¡Qué bien! Nunca te había sentido.

VÍCTOR.—¿No?

YERMA.—Y qué voz tan pujante. Parece un chorro de agua que te llena toda la boca.

VÍCTOR.—Soy alegre.

YERMA.—Es verdad.

VÍCTOR.—Como tú triste.

YERMA.—No soy triste. Es que tengo motivos para estarlo.

VÍCTOR.—Y tu marido más triste que tú.

YERMA.—Él sí. Tiene un carácter seco.

VÍCTOR.—Siempre fue igual. *(Pausa.* YERMA *está sentada.)* ¿Viniste a traer la comida?

YERMA.—Sí. *(Lo mira. Pausa.)* ¿Qué tienes aquí? *(Señala la cara.)*

VÍCTOR.—¿Dónde?

YERMA.—*(Se levanta y se acerca a* VÍCTOR.*)* Aquí..., en la mejilla; como una quemadura.

VÍCTOR.—No es nada.

YERMA.—Me había parecido.

(Pausa.)

VÍCTOR.—Debe ser el sol...

YERMA.—Quizá...

(Pausa. El silencio se acentúa y sin el menor gesto comienza una lucha entre los dos personajes.)

YERMA.—*(Temblando.)* ¿Oyes?

VÍCTOR.—¿Qué?

YERMA.—¿No sientes llorar?

VÍCTOR.—*(Escuchando.)* No.

YERMA.—Me había parecido que lloraba un niño.

VÍCTOR.—¿Sí?

YERMA.—Muy cerca. Y lloraba como ahogado.

VÍCTOR.—Por aquí hay siempre muchos niños que vienen a robar fruta.

YERMA.—No. Es la voz de un niño pequeño.

(Pausa.)

VÍCTOR.—No oigo nada.

YERMA.—Serán ilusiones mías.

(Lo mira fijamente y VÍCTOR *la mira también y desvía la mirada lentamente, como con miedo.)*

(Sale JUAN.*)*

JUAN.—¿Qué haces todavía aquí?

YERMA.—Hablaba.

VÍCTOR.—Salud [7]. *(Sale.)*

JUAN.—Debías estar en casa.

YERMA.—Me entretuve.

JUAN.—No comprendo en qué te has entretenido.

YERMA.—Oí cantar los pájaros.

JUAN.—Está bien. Así darás que hablar a las gentes.

YERMA.—*(Fuerte.)* Juan, ¿qué piensas?

JUAN.—No lo digo por ti, lo digo por las gentes.

YERMA.—¡Puñalada que le den a las gentes!

JUAN.—No maldigas. Está feo en una mujer.

YERMA.—Ojalá fuera yo una mujer.

JUAN.—Vamos a dejarnos de conversación. Vete a la casa. *(Pausa.)*

YERMA.—Está bien. ¿Te espero?

---

[7] *Salud:* desearle a alguien buena salud era una forma popular de saludo antes de la guerra civil, tras la que desapareció a consecuencia de su resonancia republicana.

Juan.—No. Estaré toda la noche regando. Viene poca agua, es mía hasta la salida del sol [8] y tengo que defenderla de los ladrones. Te acuestas y te duermes.

Yerma.—*(Dramática.)* ¡Me dormiré! *(Sale.)*

TELÓN

---

[8] *es mía hasta la salida del sol:* el agua de riego se compraba, y se compra, medida en horas de caudal.

ACTO SEGUNDO

CUADRO PRIMERO

Torrente donde lavan las mujeres del pueblo. Las LAVAN-
DERAS *están situadas en varios planos.*

(*Canto a telón corrido.*)
          En el arroyo claro
          lavo tu cinta.
          Como un jazmín caliente
          tienes la risa.

LAVANDERA 1.ª—A mí no me gusta hablar.
LAVANDERA 3.ª—Pero aquí se habla.
LAVANDERA 4.ª—Y no hay mal en ello.
LAVANDERA 5.ª—La que quiera honra, que la gane.
LAVANDERA 4.ª—Yo planté un tomillo,
          yo lo vi crecer.
          El que quiera honra,
          que se porte bien.

(*Ríen.*)

104

LAVANDERA 5.ª—Así se habla.

LAVANDERA 1.ª—Pero es que nunca se sabe nada.

LAVANDERA 4.ª—Lo cierto es que el marido se ha llevado a vivir con ellos a sus dos hermanas.

LAVANDERA 5.ª—¿Las solteras?

LAVANDERA 4.ª—Sí. Estaban encargadas de cuidar la iglesia y ahora cuidarán de su cuñada. Yo no podría vivir con ellas.

LAVANDERA 1.ª—¿Por qué?

LAVANDERA 4.ª—Porque dan miedo. Son como esas hojas grandes que nacen de pronto sobre los sepulcros. Están untadas con cera. Son metidas hacia dentro. Se me figura que guisan su comida con el aceite de las lámparas.

LAVANDERA 3.ª—¿Y están ya en la casa?

LAVANDERA 4.ª—Desde ayer. El marido sale otra vez a sus tierras.

LAVANDERA 1.ª—¿Pero se puede saber lo que ha ocurrido?

LAVANDERA 5.ª—Anteanoche ella la pasó sentada en el tranco⁹, a pesar del frío.

LAVANDERA 1.ª—Pero, ¿por qué?

LAVANDERA 4.ª—Le cuesta trabajo estar en su casa.

LAVANDERA 5.ª—Estas machorras son así. Cuando podían estar haciendo encajes o confituras de manzanas, les gusta subirse al tejado y andar descalzas por esos ríos.

---

⁹ *Tranco:* aquí, umbral de la puerta.

LAVANDERA 1.ª—¿Quién eres tú para decir estas cosas? Ella no tiene hijos, pero no es por culpa suya.

LAVANDERA 4.ª—Tiene hijos la que quiere tenerlos. Es que las regalonas, las flojas, las endulzadas, no son a propósito para llevar el vientre arrugado.

(Ríen.)

LAVANDERA 3.ª—Y se echan polvos de blancura y colorete y se prenden ramos de adelfa en busca de otro que no es su marido.

LAVANDERA 5.ª—¡No hay otra verdad!

LAVANDERA 1.ª—Pero ¿vosotras la habéis visto con otro?

LAVANDERA 4.ª—Nosotras no, pero las gentes sí.

LAVANDERA 1.ª—¡Siempre las gentes!

LAVANDERA 5.ª—Dicen que en dos ocasiones.

LAVANDERA 2.ª—¿Y qué hacían?

LAVANDERA 4.ª—Hablaban.

LAVANDERA 1.ª—Hablar no es pecado.

LAVANDERA 4.ª—Hay una cosa en el mundo que es la mirada. Mi madre lo decía. No es lo mismo una mujer mirando a unas rosas que una mujer mirando a los muslos de un hombre. Ella lo mira.

LAVANDERA 1.ª—¿Pero a quién?

LAVANDERA 4.ª—A uno. ¿Lo oyes? Entérate tú. ¿Quieres que lo diga más alto? *(Risas.)* Y cuando no lo mira, porque está sola, porque no lo tiene delante, lo lleva retratado en los ojos.

LAVANDERA 1.ª—¡Eso es mentira!

(Algazara.)

LAVANDERA 5.ª—¿Y el marido?

LAVANDERA 3.ª—El marido está como sordo. Parado como un lagarto puesto al sol.

(Ríen.)

LAVANDERA 1.ª—Todo esto se arreglaría si tuvieran criaturas.

LAVANDERA 2.ª—Todo esto son cuestiones de gente que no tiene conformidad con su sino.

LAVANDERA 4.ª—Cada hora que transcurre aumenta el infierno en aquella casa. Ella y las cuñadas, sin despegar los labios, blanquean todo el día las paredes, friegan los cobres [10], limpian con vaho los cristales, dan aceite a la solería. Pues, cuando más relumbra la vivienda, más arde por dentro.

LAVANDERA 1.ª—Él tiene la culpa, él. Cuando un padre no da hijos debe cuidar de su mujer.

LAVANDERA 4.ª—La culpa es de ella, que tiene por lengua un pedernal.

LAVANDERA 1.ª—¿Qué demonio se te ha metido entre los cabellos para que hables así?

LAVANDERA 4.ª—¿Y quién ha dado licencia a tu boca para que me des consejos?

LAVANDERA 5.ª—¡Callar!

(Risas.)

LAVANDERA 1.ª—Con una aguja de hacer calceta ensartaría yo las lenguas murmuradoras.

LAVANDERA 5.ª—¡Calla!

---

[10] *Cobres:* recipientes de cobre, generalmente usados en cocina; *solería:* ladrillos, losas u otro material que reviste el suelo de una vivienda.

LAVANDERA 4.ª—Y yo la tapa del pecho de las fingidas.

LAVANDERA 5.ª—Silencio. ¿No veis que por ahí vienen las cuñadas?

(Murmullos. Entran las dos CUÑADAS *de* YERMA. *Van vestidas de luto. Se ponen a lavar en medio de un silencio. Se oyen esquilas.)*

LAVANDERA 1.ª—¿Se van ya los zagales?

LAVANDERA 3.ª—Sí, ahora salen todos los rebaños.

LAVANDERA 4.ª—*(Aspirando.)* Me gusta el olor de las ovejas.

LAVANDERA 3.ª—¿Sí?

LAVANDERA 4.ª—¿Y por qué no? Olor de lo que una tiene. Como me gusta el olor del fango rojo que trae el río por el invierno.

LAVANDERA 3.ª—Caprichos.

LAVANDERA 5.ª—*(Mirando.)* Van juntos todos los rebaños.

LAVANDERA 4.ª—Es una inundación de lana. Arramblan con todo. Si los trigos verdes tuvieran cabeza, temblarían de verlos venir.

LAVANDERA 3.ª—¡Mira cómo corren! ¡Qué manada de enemigos!

LAVANDERA 1.ª—Ya salieron todos, no falta uno.

LAVANDERA 4.ª—A ver... No... Sí, sí falta uno.

LAVANDERA 5.ª—¿Cuál?...

LAVANDERA 4.ª—El de Víctor.

(Las dos CUÑADAS *se yerguen y miran.)*

(Cantando entre dientes.)

> En el arroyo frío
> lavo tu cinta.

Como un jazmín caliente
tienes la risa.
Quiero vivir
en la nevada chica
de ese jazmín.

LAVANDERA 1.ª—

¡Ay de la casada seca!
¡Ay de la que tiene los pechos de arena!

LAVANDERA 5.ª—

Dime si tu marido
guarda semilla
para que el agua cante
por tu camisa.

LAVANDERA 4.ª—

Es tu camisa
nave de plata y viento
por las orillas.

LAVANDERA 1.ª—

Las ropas de mi niño
vengo a lavar,
para que tome el agua
lecciones de cristal.

LAVANDERA 2.ª—

Por el monte ya llega
mi marido a comer.
Él me trae una rosa
y yo le doy tres.

LAVANDERA 5.ª—

Por el llano ya vino
mi marido a cenar.

>   Las brasas que me entrega
>   cubro con arrayán.

LAVANDERA 4.ª—

>   Por el aire ya viene
>   mi marido a dormir.
>   Yo alhelíes rojos
>   y él rojo alhelí.

LAVANDERA 1.ª—

>   Hay que juntar flor con flor
>   cuando el verano seca la sangre al segador.

LAVANDERA 4.ª—

>   Y abrir el vientre a pájaros sin sueño
>   cuando a la puerta llama tembloroso el
>   [invierno.

LAVANDERA 1.ª—

>   Hay que gemir en la sábana.

LAVANDERA 4.ª—

>   ¡Y hay que cantar!

LAVANDERA 5.ª—

>   Cuando el hombre nos trae
>   la corona y el pan.

LAVANDERA 4.ª—

>   Porque los brazos se enlazan.

LAVANDERA 2.ª—

>   Porque la luz se nos quiebra en la garganta.

LAVANDERA 4.ª—

>   Porque se endulza el tallo de las ramas.

LAVANDERA 1.ª—

>   Y las tiendas del viento cubren a las
>   [montañas.

LAVANDERA 6.ª—

(Apareciendo en lo alto del torrente.)

> Para que un niño funda
> yertos vidrios del alba.

LAVANDERA 1.ª—

> Y nuestro cuerpo tiene
> ramas furiosas de coral.

LAVANDERA 6.ª—

> Para que haya remeros
> en las aguas del mar.

LAVANDERA 1.ª—

> Un niño pequeño, un niño.

LAVANDERA 2.ª—

> Y las palomas abren las alas y el pico.

LAVANDERA 3.ª—

> Un niño que gime, un hijo.

LAVANDERA 4.ª—

> Y los hombres avanzan
> como ciervos heridos.

LAVANDERA 5.ª—

> ¡Alegría, alegría, alegría
> del vientre redondo bajo la camisa!

LAVANDERA 2.ª—

> ¡Alegría, alegría, alegría,
> ombligo, cáliz tierno de maravilla!

LAVANDERA 1.ª—

> Pero, ¡ay de la casada seca!
> ¡Ay de la que tiene los pechos de arena!

LAVANDERA 3.ª—

> ¡Que relumbre!

LAVANDERA 2.ª —
> ¡Que corra!

LAVANDERA 5.ª —
> ¡Que vuelva a relumbrar!

LAVANDERA 1.ª —
> ¡Que cante!

LAVANDERA 2.ª —
> ¡Que se esconda!

LAVANDERA 1.ª —
> Y que vuelva a cantar.

LAVANDERA 6.ª —
> La aurora que mi niño
> lleva en el delantal.

(Cantan todas a coro.)
> En el arroyo frío
> lavo tu cinta.
> Como un jazmín caliente
> tienes la risa.
> ¡Ja, ja, ja!

(Mueven los paños con ritmo y los golpean.)

TELÓN

CUADRO SEGUNDO

Casa de YERMA. *Atardece.* JUAN *está sentado. Las dos*
HERMANAS *de pie.*

JUAN.—¿Dices que salió hace poco? (*La* HERMANA
MAYOR *contesta con la cabeza.*) Debe estar en la fuen-
te. Pero ya sabéis que no me gusta que salga sola.
(*Pausa.*) Puedes poner la mesa. (*Mutis*[11] *de la* HER-
MANA MENOR.) Bien ganado tengo el pan que como.
(*A su* HERMANA.) Ayer pasé un día duro. Estuve podan-
do los manzanos y a la caída de la tarde me puse a pensar para qué pondría yo tanta ilusión en la faena si no
puedo llevarme una manzana a la boca. Estoy harto.
(*Se pasa las manos por la cara. Pausa.*) Esa no viene...
Una de vosotras debía salir con ella, porque para eso
estáis aquí comiendo en mi mantel y bebiendo mi vino.
Mi vida está en el campo, pero mi honra está aquí.
Y mi honra es también vuestra. (*La* HERMANA *inclina
la cabeza.*) No lo tomes a mal. (*Entra* YERMA *con dos
cántaros. Queda parada en la puerta.*) ¿Vienes de la
fuente?

YERMA.—Para tener agua fresca en la comida. (*Mutis
de la otra* HERMANA.) ¿Cómo están las tierras?

JUAN.—Ayer estuve podando los árboles.

(YERMA *deja los cántaros. Pausa.*)

YERMA.—¿Te quedarás?

---

[11] *Mutis:* Acotación que indica cuándo un personaje abandona
la escena.

Juan.—He de cuidar el ganado. Tú sabes que esto es cosa del dueño.

Yerma.—Lo sé muy bien. No lo repitas.

Juan.—Cada hombre tiene su vida.

Yerma.—Y cada mujer la suya. No te pido yo que te quedes. Aquí tengo todo lo que necesito. Tus hermanas me guardan bien. Pan tierno y requesón y cordero asado como yo aquí, y pasto lleno de rocío tus ganados en el monte. Creo que puedes vivir en paz.

Juan.—Para vivir en paz se necesita estar tranquilo.

Yerma.—Y tú no estás.

Juan.—No estoy.

Yerma.—Desvía la intención.

Juan.—¿Es que no conoces mi modo de ser? Las ovejas en el redil y las mujeres en su casa. Tú sales demasiado. ¿No me has oído decir esto siempre?

Yerma.—Justo. Las mujeres dentro de sus casas. Cuando las casas no son tumbas. Cuando las sillas se rompen y las sábanas de hilo se gastan con el uso. Pero aquí, no. Cada noche, cuando me acuesto, encuentro mi cama más nueva, más reluciente, como si estuviera recién traída de la ciudad.

Juan.—Tú misma reconoces que llevo razón al quejarme. ¡Que tengo motivos para estar alerta!

Yerma.—Alerta ¿de qué? En nada te ofendo. Vivo sumisa a ti y lo que sufro lo guardo pegado a mis carnes. Y cada día que pase será peor. Vamos a callarnos. Yo sabré llevar mi cruz como mejor pueda, pero no me preguntes nada. Si pudiera de pronto volverme vieja y tuviera la boca como una flor machacada, te podría sonreír y conllevar la vida contigo. Ahora, ahora, déjame con mis clavos.

JUAN.—Hablas de una manera que yo no te entiendo. No te privo de nada. Mando a los pueblos vecinos por las cosas que te gustan. Yo tengo mis defectos, pero quiero tener paz y sosiego contigo. Quiero dormir fuera y pensar que tú duermes también.

YERMA.—Pero yo no duermo, yo no puedo dormir.

JUAN.—¿Es que te falta algo? Dime. *(Pausa.)* ¡Contesta!

YERMA.—*(Con intención y mirando fijamente al marido.)* Sí, me falta.

(Pausa.)

JUAN.—Siempre lo mismo. Hace ya más de cinco años. Yo casi lo estoy olvidando.

YERMA.—Pero yo no soy tú. Los hombres tienen otra vida: los ganados, los árboles, las conversaciones; y las mujeres no tenemos más que esta de la cría y el cuido de la cría.

JUAN.—Todo el mundo no es igual. ¿Por qué no te traes un hijo de tu hermano? Yo no me opongo.

YERMA.—No quiero cuidar hijos de otras. Me figuro que se me van a helar los brazos de tenerlos.

JUAN.—Con este achaque vives alocada, sin pensar en lo que debías, y te empeñas en meter la cabeza por una roca.

YERMA.—Roca que es una infamia que sea roca, porque debía ser un canasto de flores y agua dulce.

JUAN.—Estando a tu lado no se siente más que inquietud, desasosiego. En último caso debes resignarte.

YERMA.—Yo he venido a estas cuatro paredes para no resignarme. Cuando tenga la cabeza atada con un pañuelo para que no se me abra la boca, y las manos bien amarradas dentro del ataúd, en esa hora me habré resignado.

JUAN.—Entonces, ¿qué quieres hacer?

YERMA.—Quiero beber agua y no hay vaso ni agua; quiero subir al monte y no tengo pies; quiero bordar mis enaguas y no encuentro los hilos.

JUAN.—Lo que pasa es que no eres una mujer verdadera y buscas la ruina de un hombre sin voluntad.

YERMA.—Yo no sé quién soy. Déjame andar y desahogarme. En nada te he faltado.

JUAN.—No me gusta que la gente me señale. Por eso quiero ver cerrada esa puerta y cada persona en su casa.

(*Sale la* HERMANA 1.ª *lentamente y se acerca a una alacena.*)

YERMA.—Hablar con la gente no es pecado.

JUAN.—Pero puede parecerlo. (*Sale la otra* HERMANA *y se dirige a los cántaros, en los cuales llena una jarra.*) (*Bajando la voz.*) Yo no tengo fuerza para estas cosas. Cuando te den conversación, cierras la boca y piensas que eres una mujer casada.

YERMA.—(*Con asombro.*) ¡Casada!

JUAN.—Y que las familias tienen honra y la honra es una carga que se lleva entre todos. (*Mutis de la* HERMANA *con la jarra lentamente.*) Pero que está oscura y débil en los mismos caños de la sangre. (*Mutis de la otra* HERMANA *con una fuente, de modo casi proce-*

sional.) (Pausa.) Perdóname. (YERMA *mira a su marido; este levanta la cabeza y se tropieza con la mirada.)* Aunque me miras de un modo que no debía decirte «perdóname», sino obligarte, encerrarte, porque para eso soy el marido.

(Aparecen las dos HERMANAS *en la puerta.)*

YERMA.—Te ruego que no hables. Deja quieta la cuestión.

(Pausa.)

JUAN.—Vamos a comer. *(Entran las* HERMANAS. *Pausa.)* ¿Me has oído?

YERMA.—*(Dulce.)* Come tú con tus hermanas. Yo no tengo hambre todavía.

JUAN.—Lo que quieras. *(Mutis.)*

YERMA.—*(Como soñando.)*

¡Ay, qué prado de pena!
¡Ay, qué puerta cerrada a la hermosura,
que pido un hijo que sufrir y el aire
me ofrece dalias de dormida luna!
Estos dos manantiales que yo tengo
de leche tibia, son en la espesura
de mi carne dos pulsos de caballo
que hacen latir la rama de mi angustia.
¡Ay, pechos ciegos bajo mi vestido!
¡Ay, palomas sin ojos ni blancura!
¡Ay, qué dolor de sangre prisionera
me está clavando avispas en la nuca!
Pero tú has de venir, amor, mi niño,
porque el agua da sal, la tierra fruta,

117

y nuestro vientre guarda tiernos hijos
como la nube lleva dulce lluvia.

(Mira hacia la puerta.) ¡María! ¿Por qué pasas tan deprisa por mi puerta?

MARÍA.—*(Entra con un niño en brazos.)* Cuando voy con el niño, lo hago... ¡Como siempre lloras!...

YERMA.—Tienes razón. *(Coge al niño y se sienta.)*

MARÍA.—Me da tristeza que tengas envidia. *(Se sienta.)*

YERMA.—No es envidia lo que tengo; es pobreza.

MARÍA.—No te quejes.

YERMA.—¡Cómo no me voy a quejar cuando te veo a ti y a las otras mujeres llenas por dentro de flores, y viéndome yo inútil en medio de tanta hermosura!

MARÍA.—Pero tienes otras cosas. Si me oyeras, podrías ser feliz.

YERMA.—La mujer del campo que no da hijos es inútil como un manojo de espinos, ¡y hasta mala!, a pesar de que yo sea de este desecho dejado de la mano de Dios.

(MARÍA hace un gesto como para tomar al niño.)

Tómalo; contigo está más a gusto. Yo no debo tener manos de madre.

MARÍA.—¿Por qué me dices eso?

YERMA.—*(Se levanta.)* Porque estoy harta, porque estoy harta de tenerlas y no poderlas usar en cosa propia. Que estoy ofendida, ofendida y rebajada hasta lo último, viendo que los trigos apuntan, que las fuentes no cesan de dar agua, y que paren las ovejas cientos de corderos, y las perras, y que parece que todo el campo puesto de pie me enseña sus crías tiernas, adormiladas, mientras yo siento dos golpes de martillo aquí, en lugar de la boca de mi niño.

MARÍA.—No me gusta lo que dices.

YERMA.—Las mujeres, cuando tenéis hijos, no podéis pensar en las que no los tenemos. Os quedáis frescas, ignorantes, como el que nada en agua dulce no tiene idea de la sed.

MARÍA.—No te quiero decir lo que te digo siempre.

YERMA.—Cada vez tengo más deseos y menos esperanzas.

MARÍA.—Mala cosa.

YERMA.—Acabaré creyendo que yo misma soy mi hijo. Muchas noches bajo yo a echar la comida a los bueyes, que antes no lo hacía porque ninguna mujer lo hace, y cuando paso por lo oscuro del cobertizo mis pasos me suenan a pasos de hombre.

MARÍA.—Cada criatura tiene su razón.

YERMA.—A pesar de todo, sigue queriéndome. ¡Ya ves cómo vivo!

MARÍA.—¿Y tus cuñadas?

YERMA.—Muerta me vea y sin mortaja, si alguna vez les dirijo la conversación.

MARÍA.—¿Y tu marido?

YERMA.—Son tres contra mí.

MARÍA.—¿Qué piensan?

YERMA.—Figuraciones. De gente que no tiene la conciencia tranquila. Creen que me puede gustar otro hombre y no saben que, aunque me gustara, lo primero de mi casta es la honradez. Son piedras delante de mí. Pero ellos no saben que yo, si quiero, puedo ser agua de arroyo que las lleve.

(Una HERMANA *entra y sale llevando un pan.)*

MARÍA.—De todas maneras, creo que tu marido te sigue queriendo.

YERMA.—Mi marido me da pan y casa.

MARÍA.—¡Qué trabajos estás pasando, qué trabajos, pero acuérdate de las llagas de Nuestro Señor!

(Están en la puerta.)

YERMA.—*(Mirando al niño.)* Ya ha despertado.

MARÍA.—Dentro de poco empezará a cantar.

YERMA.—Los mismos ojos que tú, ¿lo sabías? ¿Los has visto? *(Llorando.)* ¡Tiene los mismos ojos que tú! *(*YERMA *empuja suavemente a* MARÍA *y esta sale silenciosa.* YERMA *se dirige a la puerta por donde entró su marido.)*

MUCHACHA 2.ª—¡Chisss!

YERMA.—*(Volviéndose.)* ¿Qué?

MUCHACHA 2.ª—Esperé a que saliera. Mi madre te está aguardando.

YERMA.—¿Está sola?

MUCHACHA 2.ª—Con dos vecinas.

YERMA.—Dile que esperen un poco.

MUCHACHA 2.ª—¿Pero vas a ir? ¿No te da miedo?

YERMA.—Voy a ir.

MUCHACHA 2.ª—¡Allá tú!

YERMA.—¡Que me esperen aunque sea tarde! *(Entra* VÍCTOR.)

VÍCTOR.—¿Está Juan?

YERMA.—Sí.

120

MUCHACHA 2.ª—*(Cómplice.)* Entonces, luego yo traeré la blusa.

YERMA.—Cuando quieras. *(Sale la* MUCHACHA.*)* Siéntate.

VÍCTOR.—Estoy bien así.

YERMA.—*(Llamándolo.)* ¡Juan!

VÍCTOR.—Vengo a despedirme.

YERMA.—*(Se estremece ligeramente, pero vuelve a su serenidad.)* ¿Te vas con tus hermanos?

VÍCTOR.—Así lo quiere mi padre.

YERMA.—Ya debe estar viejo.

VÍCTOR.—Sí, muy viejo.

(Pausa.)

YERMA.—Haces bien en cambiar de campos.

VÍCTOR.—Todos los campos son iguales.

YERMA.—No. Yo me iría muy lejos.

VÍCTOR.—Es todo lo mismo. Las mismas ovejas tienen la misma lana.

YERMA.—Para los hombres, sí, pero las mujeres somos otra cosa. Nunca oí decir a un hombre comiendo: «¡Qué buenas son estas manzanas!». Vais a lo vuestro sin reparar en las delicadezas. De mí sé decir que he aborrecido el agua de estos pozos.

VÍCTOR.—Puede ser.

(La escena está en una suave penumbra. Pausa.)

YERMA.—Víctor.

VÍCTOR.—Dime.

YERMA.—¿Por qué te vas? Aquí las gentes te quieren.

VÍCTOR.—Yo me porté bien.

(Pausa.)

YERMA.—Te portaste bien. Siendo zagalón me llevaste una vez en brazos; ¿no recuerdas? Nunca se sabe lo que va a pasar.

VÍCTOR.—Todo cambia.

YERMA.—Algunas cosas no cambian. Hay cosas encerradas detrás de los muros que no pueden cambiar porque nadie las oye.

VÍCTOR.—Así es.

(Aparece la HERMANA 2.ª *y se dirige lentamente hacia la puerta, donde queda fija, iluminada por la última luz de la tarde.)*

YERMA.—Pero que si salieran de pronto y gritaran, llenarían el mundo.

VÍCTOR.—No se adelantaría nada. La acequia por su sitio, el rebaño en el redil, la luna en el cielo y el hombre con su arado.

YERMA.—¡Qué pena más grande no poder sentir las enseñanzas de los viejos!

(Se oye el sonido largo y melancólico de las caracolas de los pastores.)

VÍCTOR.—Los rebaños.

JUAN.—*(Sale.)* ¿Vas ya de camino?

VÍCTOR.—Y quiero pasar el puerto antes del amanecer.

JUAN.—¿Llevas alguna queja de mí?

VÍCTOR.—No. Fuiste buen pagador.

JUAN.—*(A* YERMA.*)* Le compré los rebaños.

YERMA.—¿Sí?

VÍCTOR.—*(A* YERMA.*)* Tuyos son.

YERMA.—No lo sabía.

JUAN.—*(Satisfecho.)* Así es.

VÍCTOR.—Tu marido ha de ver su hacienda colmada.

YERMA.—El fruto viene a las manos del trabajador que lo busca.

(La HERMANA *que está en la puerta entra dentro.)*

JUAN.—Ya no tenemos sitio donde meter tantas ovejas.

YERMA.—*(Sombría.)* La tierra es grande.

(Pausa.)

JUAN.—Iremos juntos hasta el arroyo.

VÍCTOR.—Deseo la mayor felicidad para esta casa. *(Le da la mano a* YERMA.)

YERMA.—¡Dios te oiga! ¡Salud!

*(*VÍCTOR *da la vuelta y, a un movimiento impercep-tible de* YERMA, *se vuelve.)*

VÍCTOR.—¿Decías algo?

YERMA.—*(Dramática.)* Salud dije.

VÍCTOR.—Gracias.

(Salen. YERMA *queda angustiada mirándose la mano que ha dado a* VÍCTOR. YERMA *se dirige rápidamente hacia la izquierda y toma un mantón.)*

MUCHACHA 2.ª—*(En silencio, tapándole la cabeza.)* Vamos.

YERMA.—Vamos.

(Salen sigilosamente. La escena está casi a oscuras. Sale la HERMANA 1.ª *con un velón que no debe dar al teatro luz ninguna, sino la natural que lleva. Se dirige al fin de la escena buscando a* YERMA. *Suenan las caracolas de los rebaños.)*

CUÑADA 1.ª—*(En voz baja.)* ¡Yerma!

(Sale la HERMANA 2.ª, *se miran las dos y se dirigen a la puerta.)*

CUÑADA 2.ª—*(Más alto.)* ¡Yerma! *(Sale.)*

CUÑADA 1.ª—*(Dirigiéndose a la puerta también y con una imperiosa voz.)* ¡Yerma!

(Sale. Se oyen las caracolas y los cuernos de los pastores. La escena está oscurísima.)

TELÓN

ACTO TERCERO

CUADRO PRIMERO

Casa de la DOLORES, *la conjuradora. Está amaneciendo.*
Entra YERMA *con* DOLORES *y dos* VIEJAS.

DOLORES.—Has estado valiente.

VIEJA 1.ª—No hay en el mundo fuerza como la del deseo.

VIEJA 2.ª—Pero el cementerio estaba demasiado oscuro.

DOLORES.—Muchas veces yo he hecho estas oraciones en el cementerio con mujeres que ansiaban crías, y todas han pasado miedo. Todas, menos tú.

YERMA.—Yo he venido por el resultado. Creo que no eres mujer engañadora.

DOLORES.—No soy. Que mi lengua se llene de hormigas, como está la boca de los muertos, si alguna vez he mentido. La última vez hice la oración con una mujer mendicante, que estaba seca más tiempo que tú,

125

y se le endulzó el vientre de manera tan hermosa que tuvo dos criaturas ahí abajo, en el río, porque no le daba tiempo a llegar a las casas, y ella misma las trajo en un pañal para que yo las arreglase.

YERMA.—¿Y pudo venir andando desde el río?

DOLORES.—Vino. Con los zapatos y las enaguas empapadas en sangre..., pero con la cara reluciente.

YERMA.—¿Y no le pasó nada?

DOLORES.—¿Qué le iba a pasar? Dios es Dios.

YERMA.—Naturalmente. No le podía pasar nada, sino agarrar las criaturas y lavarlas con agua viva. Los animales los lamen, ¿verdad? A mí no me da asco de mi hijo. Yo tengo la idea de que las recién paridas están como iluminadas por dentro, y los niños se duermen horas y horas sobre ellas oyendo ese arroyo de leche tibia que les va llenando los pechos para que ellos mamen, para que ellos jueguen, hasta que no quieran más, hasta que retiren la cabeza —«otro poquito más, niño...»—, y se les llene la cara y el pecho de gotas blancas.

DOLORES.—Ahora tendrás un hijo. Te lo puedo asegurar.

YERMA.—Lo tendré porque lo tengo que tener. O no entiendo el mundo. A veces, cuando ya estoy segura de que jamás, jamás..., me sube como una oleada de fuego por los pies y se me quedan vacías todas las cosas, y los hombres que andan por la calle y los toros y las piedras me parecen como cosas de algodón. Y me pregunto: ¿para qué estarán ahí puestos?

VIEJA 1.ª—Está bien que una casada quiera hijos, pero si no los tiene, ¿por qué ese ansia de ellos? Lo importante de este mundo es dejarse llevar por los años. No te critico. Ya has visto cómo he ayudado a los rezos. Pero, ¿qué vega esperas dar a tu hijo, ni qué felicidad, ni qué silla de plata?

YERMA.—Yo no pienso en el mañana; pienso en el hoy. Tú estás vieja y lo ves ya todo como un libro leído. Yo pienso que tengo sed y no tengo libertad. Yo quiero tener a mi hijo en los brazos para dormir tranquila y, óyelo bien y no te espantes de lo que digo: aunque yo supiera que mi hijo me iba a martirizar después y me iba a odiar y me iba a llevar de los cabellos por las calles, recibiría con gozo su nacimiento, porque es mucho mejor llorar por un hombre vivo que nos apuñala, que llorar por este fantasma sentado año tras año encima de mi corazón.

VIEJA 1.ª—Eres demasiado joven para oír consejo. Pero, mientras esperas la gracia de Dios, debes ampararte en el amor de tu marido.

YERMA.—¡Ay! Has puesto el dedo en la llaga más honda que tienen mis carnes.

DOLORES.—Tu marido es bueno.

YERMA.—*(Se levanta.)* ¡Es bueno! ¡Es bueno! ¿Y qué? Ojalá fuera malo. Pero no. Él va con sus ovejas por sus campos y cuenta el dinero por las noches. Cuando me cubre, cumple con su deber, pero yo le noto la cintura fría como si tuviera el cuerpo muerto, y yo, que siempre he tenido asco de las mujeres calientes, quisiera ser en aquel instante como una montaña de fuego.

DOLORES.—¡Yerma!

127

YERMA.—No soy una casada indecente; pero yo sé que los hijos nacen del hombre y de la mujer. ¡Ay, si los pudiera tener yo sola!

DOLORES.—Piensa que tu marido también sufre.

YERMA.—No sufre. Lo que pasa es que él no ansía hijos.

VIEJA 1.ª—¡No digas eso!

YERMA.—Se lo conozco en la mirada y, como no los ansía, no me los da. No lo quiero, no lo quiero y, sin embargo, es mi única salvación. Por honra y por casta. Mi única salvación.

VIEJA 1.ª—*(Con miedo.)* Pronto empezará a amanecer. Debes irte a tu casa.

DOLORES.—Antes de nada saldrán los rebaños y no conviene que te vean sola.

YERMA.—Necesitaba este desahogo. ¿Cuántas veces repito las oraciones?

DOLORES.—La oración del laurel, dos veces, y al mediodía, la oración de Santa Ana. Cuando te sientas encinta me traes la fanega[12] de trigo que me has prometido.

VIEJA 1.ª—Por encima de los montes ya empieza a clarear. Vete.

DOLORES.—Como enseguida empezarán a abrir los portones, te vas dando un rodeo por la acequia.

YERMA.—*(Con desaliento.)* ¡No sé por qué he venido!

DOLORES.—¿Te arrepientes?

---

[12] *Fanega:* medida de capacidad variable según las regiones (en Castilla, 55,5 litros).

YERMA.—¡No!

DOLORES.—*(Turbada.)* Si tienes miedo, te acompañaré hasta la esquina.

YERMA.—¡Quita!

VIEJA 1.ª—*(Con inquietud.)* Van a ser las claras del día cuando llegues a tu puerta.

(Se oyen voces.)

DOLORES.—¡Calla!

(Escuchan.)

VIEJA 1.ª—No es nadie. Anda con Dios.

(YERMA se dirige a la puerta y en este momento llaman a ella. Las tres mujeres quedan paradas.)

DOLORES.—¿Quién es?

VOZ.—Soy yo.

YERMA.—Abre. *(DOLORES duda.)* ¿Abres o no?

(Se oyen murmullos. Aparece JUAN con las dos CUÑADAS.)

HERMANA 2.ª—Aquí está.

YERMA.—¡Aquí estoy!

JUAN.—¿Qué haces en este sitio? Si pudiera dar voces, levantaría a todo el pueblo, para que viera dónde iba la honra de mi casa; pero he de ahogarlo todo y callarme porque eres mi mujer.

YERMA.—Si pudiera dar voces, también las daría yo, para que se levantaran hasta los muertos y vieran esta limpieza que me cubre.

JUAN.—No, ¡eso no! Todo lo aguanto menos eso. No. Me engañas, me envuelves y, como soy un hombre que trabaja la tierra, no tengo ideas para tus astucias.

DOLORES.—¡Juan!

JUAN.—¡Vosotras, ni palabra!

DOLORES.—*(Fuerte.)* Tu mujer no ha hecho nada malo.

JUAN.—Lo está haciendo desde el mismo día de la boda. Mirándome con dos agujas, pasando las noches en vela con los ojos abiertos al lado mío, y llenando de malos suspiros mis almohadas.

YERMA.—¡Cállate!

JUAN.—Y yo no puedo más. Porque se necesita ser de bronce para ver a tu lado una mujer que te quiere meter los dedos dentro del corazón y que se sale de noche fuera de su casa, ¿en busca de qué? ¡Dime!, ¿buscando qué? Las calles están llenas de machos. En las calles no hay flores que cortar.

YERMA.—No te dejo hablar ni una sola palabra. Ni una más. Te figuras tú y tu gente que sois vosotros los únicos que guardáis honra, y no sabes que mi casta no ha tenido nunca nada que ocultar. Anda, acércate a mí y huele mi vestido; ¡acércate!, a ver dónde encuentras un olor que no sea tuyo, que no sea de tu cuerpo. Me pones desnuda en mitad de la plaza y me escupes. Haz conmigo lo que quieras, que soy tu mujer, pero guárdate de poner nombre de varón sobre mis pechos.

JUAN.—No soy yo quien lo pone; lo pones tú con tu conducta y el pueblo lo empieza a decir. Lo empieza a decir claramente. Cuando llego a un corro, todos callan; cuando voy a pesar la harina, todos callan; y hasta de noche en el campo, cuando despierto a medianoche, me parece que también se callan las ramas de los árboles.

YERMA.—Yo no sé por qué empiezan los malos aires que revuelcan al trigo y ¡mira tú si el trigo es bueno!

JUAN.—Ni yo sé lo que busca una mujer a todas horas fuera de su tejado.

YERMA.—*(En un arranque y abrazándose a su marido.)* Te busco a ti. Te busco a ti. Es a ti a quien busco día y noche sin encontrar sombra donde respirar. Es tu sangre y tu amparo lo que deseo.

JUAN.—¡Apártate!

YERMA.—No me apartes y quiere conmigo.

JUAN.—¡Quita!

YERMA.—Mira que me quedo sola. Como si la luna se buscara ella misma por el cielo. ¡Mírame! *(Lo mira.)*

JUAN.—*(La mira y la aparta bruscamente.)* ¡Déjame ya de una vez!

DOLORES.—¡Juan!

(YERMA cae al suelo.)

YERMA.—*(Alto.)* Cuando salía por mis claveles me tropecé con el muro. ¡Ay! ¡Ay! Es en ese muro donde tengo que estrellar mi cabeza.

JUAN.—Calla. Vamos.

DOLORES.—¡Dios mío!

YERMA.—*(A gritos.)* Maldito sea mi padre, que me dejó su sangre de padre de cien hijos. Maldita sea mi sangre, que los busca golpeando por las paredes.

JUAN.—¡Calla he dicho!

DOLORES.—¡Viene gente! Habla bajo.

YERMA.—No me importa. Dejarme libre siquiera la voz. Ahora que voy entrando en lo más oscuro del pozo.

(Se levanta.) Dejar que de mi cuerpo salga siquiera esta cosa hermosa y que llene el aire.

(Se oyen voces.)

DOLORES.—Van a pasar por aquí.

JUAN.—Silencio.

YERMA.—¡Eso! ¡Eso! Silencio. Descuida.

JUAN.—Vamos. ¡Pronto!

YERMA.—¡Ya está! ¡Ya está! ¡Y es inútil que me retuerza las manos! Una cosa es querer con la cabeza...

JUAN.—Calla.

YERMA.—*(Bajo.)* Una cosa es querer con la cabeza y otra cosa es que el cuerpo, ¡maldito sea el cuerpo!, no nos responda. ¡Está escrito y no me voy a poner a luchar a brazo partido con los mares! ¡Ya está! ¡Que mi boca se quede muda! *(Sale.)*

TELÓN RÁPIDO

CUADRO ÚLTIMO

Alrededores de una ermita, en plena montaña. En primer término, unas ruedas de carro y unas mantas formando una tienda rústica, donde está YERMA. *Entran las* MUJERES *con ofrendas a la ermita. Vienen descalzas. En la escena está la* VIEJA *alegre del primer acto.*

(Canto a telón corrido.)
>   No te pude ver
>   cuando eras soltera,
>   mas de casada te encontraré.
>   No te pude ver
>   cuando eras soltera.
>   Te desnudaré,
>   casada y romera,
>   cuando en lo oscuro las doce den.

VIEJA.—*(Con sorna.)* ¿Habéis bebido ya el agua santa?

MUJER 1.ª—Sí.

VIEJA.—Y ahora, a ver a ese.

MUJER 2.ª—Creemos en él.

VIEJA.—Venís a pedir hijos al Santo y resulta que cada año vienen más hombres solos a esta romería. ¿Qué es lo que pasa? *(Ríe.)*

MUJER 1.ª—¿A qué vienes aquí, si no crees?

VIEJA.—A ver. Yo me vuelvo loca por ver. Y a cuidar de mi hijo. El año pasado se mataron dos por una casada seca y quiero vigilar. Y, en último caso, vengo porque me da la gana.

MUJER 1.ª—¡Que Dios te perdone!

133

(Entran.)

VIEJA.—*(Con sarcasmo.)* ¡Que te perdone a ti!

(Se va. Entra MARÍA *con la* MUCHACHA 1.ª)

MUCHACHA 1.ª—¿Y ha venido?

MARÍA.—Ahí tienen el carro. Me costó mucho que vinieran. Ella ha estado un mes sin levantarse de la silla. Le tengo miedo. Tiene una idea que no sé cuál es, pero desde luego es una idea mala.

MUCHACHA 1.ª—Yo llegué con mi hermana. Lleva ocho años viniendo sin resultado.

MARÍA.—Tiene hijos la que los tiene que tener.

MUCHACHA 1.ª—Es lo que yo digo.

(Se oyen voces.)

MARÍA.—Nunca me gustó esta romería. Vamos a las eras, que es donde está la gente.

MUCHACHA 1.ª—El año pasado, cuando se hizo oscuro, unos mozos atenazaron con sus manos los pechos de mi hermana.

MARÍA.—En cuatro leguas a la redonda no se oyen más que palabras terribles.

MUCHACHA 1.ª—Más de cuarenta toneles de vino he visto en las espaldas de la ermita.

MARÍA.—Un río de hombres solos baja por esas sierras.

(Se oyen voces. Entra YERMA *con seis* MUJERES *que van a la iglesia. Van descalzas y llevan cirios rizados. Empieza el anochecer.)*

MUJER 1.ª—

Señor, que florezca la rosa,
no me la dejéis en sombra.

MUJER 2.ª—

> Sobre su carne marchita
> florezca la rosa amarilla.

MARÍA.—

> Y en el vientre de tus siervas,
> la llama oscura de la tierra.

CORO DE MUJERES.—

> Señor, que florezca la rosa,
> no me la dejéis en sombra.

(Se arrodillan.)

YERMA.—

> El cielo tiene jardines
> con rosales de alegría:
> entre rosal y rosal,
> la rosa de maravilla.
> Rayo de aurora parece
> y un arcángel la vigila,
> las alas como tormentas,
> los ojos como agonías.
> Alrededor de sus hojas
> arroyos de leche tibia
> juegan y mojan la cara
> de las estrellas tranquilas.
> Señor, abre tu rosal
> sobre mi carne marchita.

(Se levantan.)

MUJER 2.ª—

> Señor, calma con tu mano
> las ascuas de su mejilla.

135

YERMA.—

>Escucha a la penitente
>de tu santa romería.
>Abre tu rosa en mi carne
>aunque tenga mil espinas.

CORO.—

>Señor, que florezca la rosa,
>no me la dejéis en sombra.

YERMA.—

>Sobre mi carne marchita,
>la rosa de maravilla.

(Entran.)

(Salen dos MUCHACHAS *corriendo con largas cintas en las manos, por la izquierda, y entran. Por la derecha, otras tres, con largas cintas y mirando hacia atrás, que entran también. Hay en la escena como un crescendo de voces, con ruidos de cascabeles y colleras de campanillas. En un plano superior aparecen las siete* MUCHACHAS, *que agitan las cintas hacia la izquierda. Crece el ruido y entran dos máscaras populares, una como macho y otra como hembra. Llevan grandes caretas. El* MACHO *empuña un cuerno de toro en la mano. No son grotescas de ningún modo, sino de gran belleza y con un sentido de pura tierra. La* HEMBRA *agita un collar de grandes cascabeles.)*

NIÑOS.—¡El demonio y su mujer! ¡El demonio y su mujer!

(El fondo se llena de gente que grita y comenta la danza. Está muy anochecido.)

HEMBRA. —

> En el río de la sierra
> la esposa triste se bañaba.
> Por el cuerpo le subían
> los caracoles del agua.
> La arena de las orillas
> y el aire de la mañana
> le daban fuego a su risa
> y temblor a sus espaldas.
> ¡Ay, qué desnuda estaba
> la doncella en el agua!

NIÑO. —

> ¡Ay, cómo se quejaba!

HOMBRE 1.º—

> ¡Ay marchita de amores!

NIÑO. —

> ¡Con el viento y el agua!

HOMBRE 2.º—

> ¡Que diga a quién espera!

HOMBRE 1.º—

> ¡Que diga a quién aguarda!

HOMBRE 2.º—

> ¡Ay, con el vientre seco
> y la color quebrada!

HEMBRA. —

> Cuando llegue la noche lo diré,
> cuando llegue la noche clara.
> Cuando llegue la noche de la romería
> rasgaré los volantes de mi enagua.

NIÑO. —

> Y enseguida vino la noche.
> ¡Ay, que la noche llegaba!
> Mirad qué oscuro se pone
> el chorro de la montaña.

(Empiezan a sonar unas guitarras.)

MACHO. —*(Se levanta y agita el cuerno.)*

> ¡Ay, qué blanca
> la triste casada!
> ¡Ay, cómo se queja entre las ramas!
> Amapola y clavel serás luego,
> cuando el macho despliegue su capa.

(Se acerca.)

> Si tú vienes a la romería
> a pedir que tu vientre se abra,
> no te pongas un velo de luto,
> sino dulce camisa de holanda.
> Vete sola detrás de los muros,
> donde están las higueras cerradas,
> y soporta mi cuerpo de tierra
> hasta el blanco gemido del alba.
> ¡Ay, cómo relumbra!
> ¡Ay, cómo relumbraba!
> ¡Ay, cómo se cimbrea la casada!

HEMBRA. —

> ¡Ay, que el amor le pone
> coronas y guirnaldas,
> y dardos de oro vivo
> en su pecho se clavan!

MACHO.—

> Siete veces gemía,
> nueve se levantaba;
> quince veces juntaron
> jazmines con naranjas.

HOMBRE 3.º—

> ¡Dale ya con el cuerno!

HOMBRE 2.º—

> Con la rosa y la danza.

HOMBRE 1.º—

> ¡Ay, cómo se cimbrea la casada!

MACHO.—

> En esta romería
> el varón siempre manda.
> Los maridos son toros,
> el varón siempre manda,
> y las romeras flores
> para aquel que las gana.

NIÑO.—

> Dale ya con el aire.

HOMBRE 2.º—

> Dale ya con la rama.

MACHO.—

> ¡Venid a ver la lumbre
> de la que se bañaba!

HOMBRE 1.º—

> Como junco se curva.

NIÑO.—

> Y como flor se cansa.

HOMBRES.—
              ¡Que se aparten las niñas!
MACHO.—
              ¡Que se queme la danza!
              Y el cuerpo reluciente
              de la limpia casada.

(Se van bailando con son de palmas y música. Cantan.)

              El cielo tiene jardines
              con rosales de alegría:
              entre rosal y rosal,
              la rosa de maravilla.

(Vuelven a pasar dos MUCHACHAS *gritando. Entra la* VIEJA *alegre.)*

VIEJA.—A ver si luego nos dejáis dormir. Pero luego será ella. *(Entra* YERMA.*)* ¡Tú! *(*YERMA *está abatida y no habla.)* Dime, ¿para qué has venido?

YERMA.—No sé.

VIEJA.—¿No te convences? ¿Y tu esposo?

*(*YERMA *da muestras de cansancio y de persona a la que una idea fija le quiebra la cabeza.)*

YERMA.—Ahí está.

VIEJA.—¿Qué hace?

YERMA.—Bebe. *(Pausa. Llevándose las manos a la frente.)* ¡Ay!

VIEJA.—¡Ay, ay! Menos ¡ay! y más alma. Antes no he podido decirte nada, pero ahora sí.

YERMA.—¡Y qué me vas a decir que ya no sepa!

VIEJA.—Lo que ya no se puede callar. Lo que está puesto encima del tejado. La culpa es de tu marido. ¿Lo oyes? Me dejaría cortar las manos. Ni su padre, ni su abuelo, ni su bisabuelo se portaron como hombres de casta. Para tener un hijo ha sido necesario que se junte el cielo con la tierra. Están hechos con saliva. En cambio, tu gente, no. Tienes hermanos y primos a cien leguas a la redonda. Mira qué maldición ha venido a caer sobre tu hermosura.

YERMA.—Una maldición. Un charco de veneno sobre las espigas.

VIEJA.—Pero tú tienes pies para marcharte de tu casa.

YERMA.—¿Para marcharme?

VIEJA.—Cuando te vi en la romería me dio un vuelco el corazón. Aquí vienen las mujeres a conocer hombres nuevos y el Santo hace el milagro. Mi hijo está sentado detrás de la ermita esperándome. Mi casa necesita una mujer. Vete con él y viviremos los tres juntos. Mi hijo sí es de sangre. Como yo. Si entras en mi casa, todavía queda olor de cunas. La ceniza de tu colcha se te volverá pan y sal para las crías. Anda. No te importe la gente. Y, en cuanto a tu marido, hay en mi casa entrañas y herramientas para que no cruce siquiera la calle.

YERMA.—Calla, calla. ¡Si no es eso! Nunca lo haría. Yo no puedo ir a buscar. ¿Te figuras que puedo conocer otro hombre? ¿Dónde pones mi honra? El agua no se puede volver atrás, ni la luna llena sale al mediodía. Vete. Por el camino que voy seguiré. ¿Has pensado en serio que yo me pueda doblar a otro hombre? ¿Que yo vaya a pedirle lo que es mío como una esclava? Conóceme, para que nunca me hables más. Yo no busco.

VIEJA.—Cuando se tiene sed, se agradece el agua.

YERMA. — Yo soy como un campo seco donde caben arando mil pares de bueyes, y lo que tú me das es un pequeño vaso de agua de pozo. Lo mío es dolor que ya no está en las carnes.

VIEJA. — *(Fuerte.)* Pues sigue así. Por tu gusto es. Como los cardos del secano, pinchosa, marchita.

YERMA. — *(Fuerte.)* Marchita sí, ¡ya lo sé! ¡Marchita! No es preciso que me lo refriegues por la boca. No vengas a solazarte como los niños pequeños en la agonía de un animalito. Desde que me casé estoy dándole vueltas a esta palabra, pero es la primera vez que la oigo, la primera vez que me la dicen en la cara. La primera vez que veo que es verdad.

VIEJA. — No me da ninguna lástima, ninguna. Yo buscaré otra mujer para mi hijo.

(Se va. Se oye un gran coro lejano cantado por los romeros. YERMA *se dirige hacia el carro y aparece por detrás del mismo su marido.)*

YERMA. — ¿Estabas ahí?

JUAN. — Estaba.

YERMA. — ¿Acechando?

JUAN. — Acechando.

YERMA. — ¿Y has oído?

JUAN. — Sí.

YERMA. — ¿Y qué? Déjame y vete a los cantos.

(Se sienta en las mantas.)

JUAN. — También es hora de que yo hable.

YERMA. — ¡Habla!

JUAN. — Y que me queje.

YERMA. — ¿Con qué motivo?

JUAN.—Que tengo el amargor en la garganta.

YERMA.—Y yo en los huesos.

JUAN.—Ha llegado el último minuto de resistir este continuo lamento por cosas oscuras, fuera de la vida, por cosas que están en el aire.

YERMA.—*(Con asombro dramático.)* ¿Fuera de la vida dices? ¿En el aire dices?

JUAN.—Por cosas que no han pasado y ni tú ni yo dirigimos.

YERMA.—*(Violenta.)* ¡Sigue! ¡Sigue!

JUAN.—Por cosas que a mí no me importan. ¿Lo oyes? Que a mí no me importan. Ya es necesario que te lo diga. A mí me importa lo que tengo entre las manos. Lo que veo por mis ojos.

YERMA.—*(Incorporándose de rodillas, desesperada.)* Así, así. Eso es lo que yo quería oír de tus labios. No se siente la verdad cuando está dentro de una misma, pero qué grande y cómo grita cuando se pone fuera y levanta los brazos. ¡No le importa! ¡Ya lo he oído!

JUAN.—*(Acercándose.)* Piensa que tenía que pasar así. Óyeme. *(La abraza para incorporarla.)* Muchas mujeres serían felices de llevar tu vida. Sin hijos es la vida más dulce. Yo soy feliz no teniéndolos. No tenemos culpa ninguna.

YERMA.—¿Y qué buscabas en mí?

JUAN.—A ti misma.

YERMA.—*(Excitada.)* ¡Eso! Buscabas la casa, la tranquilidad y una mujer. Pero nada más. ¿Es verdad lo que digo?

JUAN.—Es verdad. Como todos.

YERMA.—¿Y lo demás? ¿Y tu hijo?

JUAN.—*(Fuerte.)* ¡No oyes que no me importa! ¡No me preguntes más! ¡Que te lo tengo que gritar al oído para que lo sepas, a ver si de una vez vives ya tranquila!

YERMA.—¿Y nunca has pensado en él cuando me has visto desearlo?

JUAN.—Nunca.

(Están los dos en el suelo.)

YERMA.—¿Y no podré esperarlo?

JUAN.—No.

YERMA.—Ni tú.

JUAN.—Ni yo tampoco. ¡Resígnate!

YERMA.—¡Marchita!

JUAN.—Y a vivir en paz. Uno y otro, con suavidad, con agrado. ¡Abrázame!

(La abraza.)

YERMA.—¿Qué buscas?

JUAN.—A ti te busco. Con la luna estás hermosa.

YERMA.—Me buscas como cuando te quieres comer una paloma.

JUAN.—Bésame... así.

YERMA.—Eso nunca. Nunca.

(YERMA da un grito y aprieta la garganta de su esposo. Este cae hacia atrás. Le aprieta la garganta hasta matarle. Empieza el coro de la romería.)

Marchita, marchita, pero segura. Ahora sí que lo sé de cierto. Y sola. *(Se levanta. Empieza a llegar gente.)* Voy a descansar sin despertarme sobresaltada para ver si la sangre me anuncia otra sangre nueva. Con el cuerpo seco para siempre. ¿Qué queréis saber? No os acer-

quéis, porque he matado a mi hijo. ¡Yo misma he matado a mi hijo!

*(Acude un grupo que queda al fondo. Se oye el coro
de la romería.)*

TELÓN

DOÑA ROSITA LA SOLTERA
o El lenguaje de las flores

Poema granadino del novecientos,
dividido en varios jardines,
con escenas de canto y baile

PERSONAJES

Doña Rosita
El ama
La tía
Manola 1.ª
Manola 2.ª
Manola 3.ª
Soltera 1.ª
Soltera 2.ª
Soltera 3.ª
Madre de las solteras

Ayola 1.ª
Ayola 2.ª
El tío
El sobrino
El Catedrático de Economía
Don Martín
El muchacho
Dos obreros
Una voz

ACTO PRIMERO

Habitación con salida a un invernadero.

Tío.—¿Y mis semillas?

Tía.—Ahí estaban.

Tío.—Pues no están.

Tía.—Eléboro, fucsias y los crisantemos[1], Luis Passy violáceo y altair blanco plata con puntas heliotropo.

Tío.—Es necesario que cuidéis las flores.

Ama.—Si lo dice por mí...

Tía.—Calla. No repliques.

---

[1] *Eléboro, fucsias, crisantemos*: géneros de numerosas especies de hierbas, medicinales las primeras, de flores rojas o violáceas las segundas, y de variados colores las últimas. Aunque los crisantemos más comunes son los dorados (de ahí su nombre griego: «flor de oro»), sus varierades son múltiples; Lorca señala dos: «Luis Passy y altair plata».

TÍO.—Lo digo por todos. Ayer me encontré las semillas de dalias pisoteadas por el suelo. *(Entra en el invernadero.)* No os dais cuenta de mi invernadero; desde el ochocientos siete, en que la condesa de Wandes obtuvo la rosa muscosa [2], no la ha conseguido nadie en Granada más que yo, ni el botánico de la universidad. Es preciso que tengáis más respeto por mis plantas.

AMA.—¿Pero no las respeto?

TÍA.—¡Chist! Sois a cuál peor.

AMA.—Sí, señora. Pero yo no digo que de tanto regar las flores y tanta agua por todas partes, van a salir sapos en el sofá.

TÍA.—Luego bien te gusta olerlas.

AMA.—No, señora. A mí las flores me huelen a niño muerto, o a profesión de monja, o a altar de iglesia. A cosas tristes. Donde esté una naranja o un buen membrillo, que se quiten las rosas del mundo. Pero aquí... rosas por la derecha, albahaca por la izquierda, anémonas, salvias, petunias y esas flores de ahora, de moda, los crisantemos, despeinados como unas cabezas de gitanillas. ¡Qué ganas tengo de ver plantados en este jardín un peral, un cerezo, un caqui!

TÍA.—¡Para comértelos!

AMA.—Come quien tiene boca... Como decían en mi pueblo:

---

[2] *muscosa*: como cubierta de musgo. En este caso, la especie citada corresponde a una rosa real (cuyos pétalos presentan esa textura), pero más adelante aparecen otras denominaciones que son en parte o completamente imaginadas por Lorca.

La boca sirve para comer,
las piernas sirven para la danza
y hay una cosa de la mujer...

(Se detiene y se acerca a la Tía *y lo dice bajo.)*

Tía.—¡Jesús! *(Signando* [3]*.)*

Ama.—Son indecencias de los pueblos. *(Signando.)*

Rosita.—*(Entra rápida. Viene vestida de rosa con un traje del novecientos, mangas de jamón y adornos de cintas.)* ¿Y mi sombrero? ¿Dónde está mi sombrero? ¡Ya han dado las treinta campanadas en San Luis!

Ama.—Yo lo dejé en la mesa.

Rosita.—Pues no está. *(Buscan. El* Ama *sale.)*

Tía.—¿Has mirado en el armario? *(Sale la* Tía.)

Ama.—*(Entra.)* No lo encuentro.

Rosita.—¿Será posible que no se sepa dónde está mi sombrero?

Ama.—Ponte el azul con margaritas.

Rosita.—Estás loca.

Ama.—Más loca estás tú.

Tía.—*(Vuelve a entrar.)* ¡Vamos, aquí está! (Rosita *lo coge y sale corriendo.)*

Ama.—Es que todo lo quiere volando. Hoy ya quisiera que fuese pasado mañana. Se echa a volar y se nos pierde de las manos. Cuando chiquita tenía que contarle todos los días el cuento de cuando ella fuera vieja: «Mi Rosita ya tiene ochenta años»... y siempre

---

[3] *Signando*: haciéndose con la mano la señal de la cruz sobre la cara y el pecho. Era una forma de conjurar algún tipo de maleficio o, como aquí, de rechazar una obscenidad.

así. ¿Cuándo la ha visto usted sentada a hacer encaje de lanzadera[4] o *frivolité,* o puntas de festón o sacar hilos para adornarse una chapona?

TÍA.—Nunca.

AMA.—Siempre del coro al caño y del caño al coro; del coro al caño y del caño al coro[5].

TÍA.—¡A ver si te equivocas!

AMA.—Si me equivocara no oiría usted ninguna palabra nueva.

TÍA.—Claro es que nunca me ha gustado contradecirla, porque ¿quién apena a una criatura que no tiene padres?

AMA.—Ni padre, ni madre, ni perrito que le ladre, pero tiene un tío y una tía que valen un tesoro. *(La abraza.)*

TÍO.—*(Dentro.)* ¡Esto ya es demasiado!

TÍA.—¡María Santísima!

TÍO.—Bien está que se pisen las semillas, pero no es tolerable que esté con las hojitas tronchadas la planta de rosal que más quiero. Mucho más que la muscosa y la híspida y la pomponiana y la damascena y que la eglantina de la reina Isabel. *(A la* TÍA.*)* Entra, entra y la verás.

---

[4] El *encaje de lanzadera* se trenzaba en bastidor con un huso (o *lanzadera*); los *festones* son relieves ondulados recortados o solo bordados; *sacar hilos* de una tela era la tarea previa para varios tipos de bordados. Las *frivolités* son encajes al estilo francés. *Chapona* es un tipo de blusa o chaqueta.

[5] Juego repetitivo de palabras que se pronunciaba cada vez con más rapidez hasta que la «r» de «coro» se transformaba en la «ñ» de «caño».

TÍA.—¿Se ha roto?

TÍO.—No, no le ha pasado gran cosa, pero pudo haberle pasado.

AMA.—¡Acabáramos!

TÍO.—Yo me pregunto: ¿quién volcó la maceta?

AMA.—A mí no me mire usted.

TÍO.—¿He sido yo?

AMA.—¿Y no hay gatos y no hay perros, y no hay un golpe de aire que entra por la ventana?

TÍA.—Anda, barre el invernadero.

AMA.—Está visto que en esta casa no la dejan hablar a una.

TÍO.—*(Entra.)* Es una rosa que nunca has visto; una sorpresa que te tengo preparada. Porque es increíble la *rosa declinata* de capullos caídos y la *inermis* que no tiene espinas, qué maravilla, ¿eh?, ¡ni una espina!, y la *mirtifolia* que viene de Bélgica y la *sulfurata* que brilla en la oscuridad. Pero ésta las aventaja a todas en rareza. Los botánicos la llaman *rosa mutabile* [6], que quiere decir mudable, que cambia... En este libro está su descripción y su pintura, ¡mira! *(Abre el libro.)* Es roja por la mañana, a la tarde se pone blanca, y se deshoja por la noche.

> Cuando se abre en la mañana,
> roja como sangre está.
> El rocío no la toca

---

[6] *mutabile*: «mutabilis». Lorca aproxima el latín al castellano seguramente por inadvertencia, pero también por eufonía; «mutabile» «suena» más femenino.

porque se teme quemar.
Abierta en el medio día
es dura como el coral.
El sol se asoma a los vidrios
para verla relumbrar.
Cuando en las ramas empiezan
los pájaros a cantar
y se desmaya la tarde
en las violetas del mar,
se pone blanca, con blanco
de una mejilla de sal.
Y cuando toca la noche
blando cuerno de metal
y las estrellas avanzan
mientras los aires se van,
en la raya de lo oscuro,
se comienza a deshojar.

Tía.—¿Y tiene ya flor?

Tío.—Una que se está abriendo.

Tía.—¿Dura un día tan solo?

Tío.—Uno. Pero yo ese día lo pienso pasar al lado para ver cómo se pone blanca.

Rosita.—*(Entrando.)* Mi sombrilla.

Tío.—Su sombrilla.

Tía.—*(A voces.)* ¡La sombrilla!

Ama.—*(Apareciendo.)* ¡Aquí está la sombrilla! *(Rosita coge la sombrilla y besa a sus tíos.)*

Rosita.—¿Qué tal?

Tío.—Un primor.

TÍA.—No hay otra.

ROSITA.—*(Abriendo la sombrilla.)* ¿Y ahora?

AMA.—¡Por Dios, cierra la sombrilla, no se puede abrir bajo techado! ¡Llega la mala suerte!

> Por la rueda de San Bartolomé
> y la varita de San José
> y la santa rama de laurel,
> enemigo, retírate
> por las cuatro esquinas de Jerusalén.

(Ríen todos. El TÍO *sale.)*

ROSITA.—*(Cerrando.)* ¡Ya está!

AMA.—No lo hagas más... ¡ca... ramba!

ROSITA.—¡Uy!

TÍA.—¿Qué ibas a decir?

AMA.—¡Pero no lo he dicho!

ROSITA.—*(Saliendo con risas.)* ¡Hasta luego!

TÍA.—¿Quién te acompaña?

ROSITA.—*(Asomando la cabeza.)* Voy con las manolas.

AMA.—Y con el novio.

TÍA.—El novio creo que tenía que hacer.

AMA.—No sé quién me gusta más: si el novio o ella. *(La* TÍA *se sienta a hacer encaje de bolillos.)* Un par de primos para ponerlos en un vasar de azúcar, y si se murieran, ¡Dios los libre!, embalsamarlos y meterlos en un nicho de cristales y de nieve. ¿A cuál quiere usted más? *(Se pone a limpiar.)*

TÍA.—A los dos los quiero como sobrinos.

AMA.—Uno por la manta de arriba y otro por la manta de abajo, pero...

TÍA.—Rosita se crio conmigo...

AMA.—Claro. Como que yo no creo en la sangre. Para mí esto es ley. La sangre corre por debajo de las venas, pero no se ve. Más se quiere a un primo segundo que se ve todos los días, que a un hermano que está lejos. Por qué, vamos a ver.

TÍA.—Mujer, sigue limpiando.

AMA.— Ya voy. Aquí no la dejan a una ni abrir los labios. Críe usted una niña[7] hermosa para esto. Déjese usted a sus propios hijos en una chocita temblando de hambre.

TÍA.—Será de frío.

AMA.—Temblando de todo, para que le digan a una: «¡Cállate!», y como soy criada no puedo hacer más que callarme, que es lo que hago, y no puedo replicar y decir...

TÍA.—Y decir ¿qué...?

AMA.—Que deje usted esos bolillos con ese tiquití, que me va a estallar la cabeza de tiquitís.

TÍA.—*(Riendo.)* Mira a ver quién entra. *(Hay un silencio en la escena, donde se oye el golpear de los bolillos.)*

VOZ.—¡¡Manzanillaaaaa finaaa de la sierraaa!!

TÍA.—*(Hablando sola.)* Es preciso comprar otra vez manzanilla. En algunas ocasiones hace falta... Otro día que pase... treinta y siete, treinta y ocho.

VOZ.—*(Muy lejos.)* ¡Manzanillaa finaa de la sierraa!

---

[7] «Críe usted una niña». El Ama amamantó a Rosita.

TÍA.—*(Poniendo un alfiler.)* Y cuarenta.

SOBRINO.—*(Entrando.)* Tía.

TÍA.—*(Sin mirarlo.)* Hola, siéntate, si quieres. Rosita ya se ha marchado.

SOBRINO.—¿Con quién salió?

TÍA.—Con las manolas. *(Pausa. Mirando al* SOBRINO.*)* Algo te pasa.

SOBRINO.—Sí.

TÍA.—*(Inquieta.)* Casi me lo figuro. Ojalá me equivoque.

SOBRINO.—No. Lea usted.

TÍA.—*(Lee.)* Claro, si es lo natural. Por eso me opuse a tus relaciones con Rosita. Yo sabía que más tarde o más temprano te tendrías que marchar con tus padres. ¡Y que es ahí al lado! Cuarenta días de viaje hacen falta para llegar a Tucumán [8]. Si fuera hombre y joven, te cruzaría la cara.

SOBRINO.—Yo no tengo culpa de querer a mi prima. ¿Se imagina usted que me voy con gusto? Precisamente quiero quedarme aquí y a eso vengo.

TÍA.—¡Quedarte! ¡Quedarte! Tu deber es irte. Son muchas leguas de hacienda y tu padre está viejo. Soy yo la que te tiene que obligar a que tomes el vapor. Pero a mí me dejas la vida amargada. De tu prima no quiero acordarme. Vas a clavar una flecha con cintas moradas sobre su corazón. Ahora se enterará de que las telas no solo sirven para hacer flores sino para empapar lágrimas.

---

[8] *Tucumán*: ciudad del interior de Argentina, en las estribaciones de los Andes.

SOBRINO. — ¿Qué me aconseja usted?

TÍA. — Que te vayas. Piensa que tu padre es hermano mío. Aquí no eres más que un paseante de los jardinillos y allí serás un labrador.

SOBRINO. — Pero es que yo quisiera...

TÍA. — ¿Casarte? ¿Estás loco? Cuando tengas tu porvenir hecho. Y llevarte a Rosita, ¿no? Tendrías que saltar por encima de mí y de tu tío.

SOBRINO. — Todo es hablar. Demasiado sé que no puedo. Pero yo quiero que Rosita me espere. Porque volveré pronto.

TÍA. — Si antes no pegas la hebra con una tucumana. La lengua se me debió pegar en el cielo de la boca antes de consentir tu noviazgo; porque mi niña se queda sola en estas cuatro paredes, y tú te vas libre por el mar, por aquellos ríos, por aquellos bosques de toronjas [9], y mi niña aquí, un día igual a otro, y tú allí: el caballo y la escopeta para tirarle al faisán.

SOBRINO. — No hay motivo para que me hable usted de esa manera. Yo di mi palabra y la cumpliré. Por cumplir su palabra está mi padre en América y usted sabe...

TÍA. — *(Suave.)* Calla.

SOBRINO. — Callo. Pero no confunda usted el respeto con la falta de vergüenza.

TÍA. — *(Con ironía andaluza.)* ¡Perdona, perdona! Se me había olvidado que ya eras un hombre.

AMA. — *(Entra llorando.)* Si fuera un hombre no se iría.

---

[9] *toronjas*: cítricos semejantes al pomelo, con la pulpa rosácea.

Tía.—*(Enérgica.)* ¡Silencio! *(El* Ama *llora con grandes sollozos.)*

Sobrino.—Volveré dentro de unos instantes. Dígaselo usted.

Tía.—Descuida. Los viejos son los que tienen que llevar los malos ratos. *(Sale el* Sobrino.*)*

Ama.—¡Ay, qué lastima de mi niña! ¡Ay, qué lástima! ¡Ay, qué lástima! ¡Estos son los hombres de ahora! Pidiendo ochavitos [10] por las calles me quedo yo al lado de esta prenda. Otra vez vienen los llantos a esta casa. ¡Ay, señora! *(Reaccionando.)* ¡Ojalá se lo coma la serpiente del mar!

Tía.—¡Dios dirá!

Ama.—

Por el ajonjolí [11],
por las tres santas preguntas
y la flor de la canela,
tenga malas noches
y malas sementeras.
Por el pozo de San Nicolás
se le vuelva veneno la sal.

(Coge un jarro de agua y hace una cruz en el suelo.)

---

[10] *ochavitos*: antiguas monedas de cobre equivalentes a dos maravedís. Dejaron de acuñarse a mediados del siglo XIX, pero su nombre quedó en el habla popular para designar algo de valor insignificante.

[11] *ajonjolí*: planta, también llamada *sésamo*, cuyas semillas oleaginosas son comestibles.

TÍA.—No maldigas. Vete a tu hacienda[12]. *(Sale el* AMA.*)*

(Se oyen risas. La TÍA *se va.)*

MANOLA 1.ª—*(Entrando y cerrando la sombrilla.)* ¡Ay!

MANOLA 2.ª.—*(Igual.)* ¡Ay, qué fresquito!

MANOLA 3.ª.—*(Igual.)* ¡Ay!

ROSITA.—*(Igual.)*

¿Para quién son los suspiros
de mis tres lindas manolas?

MANOLA 1.ª—

Para nadie.

MANOLA 2.ª—

Para el viento.

MANOLA 3.ª—

Para un galán que me ronda.

ROSITA.—

¿Qué manos recogerán
los ayes de vuestra boca?

MANOLA 1.ª—

La pared.

MANOLA 2.ª—

Cierto retrato.

MANOLA 3.ª—

Los encajes de mi colcha.

ROSITA.—

También quiero suspirar.
¡Ay, amigas! ¡Ay, manolas!

---

[12] Aquí, *hacienda* está empleado por el lugar y las obligaciones propias del Ama.

MANOLA 1.ª—

    ¿Quién los recoge?

ROSITA.—

             Dos ojos
que ponen blanca la sombra,
cuyas pestañas son parras,
donde se duerme la aurora.
Y, a pesar de negros, son
dos tardes con amapolas.

MANOLA 1.ª—

    ¡Ponle una cinta al suspiro!

MANOLA 2.ª—

    ¡Ay!

MANOLA 3.ª—

    Dichosa tú.

MANOLA 1.ª—

          ¡Dichosa!

ROSITA.—

    No me engañéis, que yo sé
cierto rumor de vosotras.

MANOLA 1.ª—

    Rumores son jaramagos [13].

MANOLA 2.ª—

    Y estribillos son las olas.

ROSITA.—

    Lo voy a decir...

---

[13] *jaramago*: planta de flores amarillas en espiga, común entre los escombros.

MANOLA 1.ª —

        Empieza.

MANOLA 3.ª —

        Los rumores son coronas.

ROSITA. —

        Granada, calle de Elvira,
        donde viven las manolas,
        las que se van a la Alhambra,
        las tres y las cuatro solas [14].
        Una vestida de verde,
        otra de malva, y la otra,
        un corselete escocés
        con cintas hasta la cola.
        Las que van delante, garzas,
        la que va detrás, paloma,
        abren por las alamedas
        muselinas [15] misteriosas.
        ¡Ay, qué oscura está la Alhambra!
        ¿Adónde irán las manolas
        mientras sufren en la umbría
        el surtidor y la rosa?
        ¿Qué galanes las esperan?
        ¡Bajo qué mirto [16] reposan?

---

[14] Los cuatro versos que inician y cierran este romance son una copla popular granadina, emparentada con otras muchas de Andalucía.

[15] *muselina*: tejido muy fino, generalmente de seda casi transparente.

[16] *mirto*: arrayán, arbusto en estado silvestre que, cultivado en jardines, puede alcanzar la estatura de un árbol.

¿Qué manos roban perfumes
a sus dos flores redondas?
Nadie va con ellas, nadie;
dos garzas y una paloma.
Pero en el mundo hay galanes
que se tapan con las hojas.
La catedral ha dejado
bronces que la brisa toma.
El Genil duerme a sus bueyes
y el Dauro a sus mariposas.
La noche viene cargada
con sus colinas de sombra;
una enseña los zapatos
entre volantes de blonda;
la mayor abre sus ojos
y la menor los entorna.
¿Quién serán aquellas tres
de alto pecho y larga cola?
¿Por qué agitan los pañuelos?
¿Adónde irán a estas horas?
Granada, calle de Elvira,
donde viven las manolas,
las que se van a la Alhambra,
las tres y las cuatro solas.

MANOLA 1.ª—
Deja que el rumor extienda
sobre Granada sus olas.

MANOLA 2.ª—
¿Tenemos novio?

ROSITA. —
Ninguna.

MANOLA 2.ª—
>¿Digo la verdad?

ROSITA.—
>Sí, toda.

MANOLA 3.ª—
>Encajes de escarcha tienen
>nuestras camisas de novia.

ROSITA.—Pero...

MANOLA 1.ª—La noche nos gusta.

ROSITA.—Pero...

MANOLA 2.ª—Por calles en sombra

MANOLA 1.ª—
>Nos subimos a la Alhambra
>las tres y las cuatro solas.

MANOLA 3.ª—¡Ay!

MANOLA 2.ª—   Calla.

MANOLA 3.ª—   ¿Por qué?

MANOLA 2.ª—   ¡Ay!

MANOLA 1.ª—¡Ay, sin que nadie lo oiga!

ROSITA.—
>Alhambra, jazmín de pena
>donde la luna reposa.

AMA.—Niña, tu tía te llama. *(Muy triste.)*

ROSITA.—¿Has llorado?

AMA.—*(Conteniéndose.)* No... es que tengo así, una cosa que...

ROSITA.—No me asustes. ¿Qué pasa? *(Entra rápida, mirando hacia el* AMA. *Cuando entra* ROSITA, *el* AMA *rompe a llorar en silencio.)*

MANOLA 1.ª—*(En voz alta.)* ¿Qué ocurre?

MANOLA 2.ª—Dinos.

AMA.—Callad.

MANOLA 3.ª—*(En voz baja.)* ¿Malas noticias?

(El AMA *las lleva a la puerta y mira por donde salió* ROSITA.*)*

AMA.—¡Ahora se lo está diciendo!

(Pausa, en que todas oyen.)

MANOLA 1.ª—Rosita está llorando, vamos a entrar.

AMA.—Venid y os contaré. ¡Dejadla ahora! Podéis salir por el postigo.

(Salen. Queda la escena sola. Un piano lejísimo toca un estudio de Cerny [17]. *Pausa. Entra el* PRIMO [18] *y al llegar al centro de la habitación se detiene porque entra* ROSITA. *Quedan los dos mirándose frente a frente. El* PRIMO *avanza. La enlaza por el talle. Ella inclina la cabeza sobre su hombro.)*

ROSITA.—

> ¿Por qué tus ojos traidores
> con los míos se fundieron?
> ¿Por qué tus manos tejieron
> sobre mi cabeza, flores?
> ¡Qué luto de ruiseñores
> dejas a mi juventud,
> pues, siendo norte y salud
> tu figura y tu presencia,
> rompes con tu cruel ausencia
> las cuerdas de mi laúd!

---

[17] *Cerny*: en realidad, Karl Zcerny, compositor y pianista austriaco, alumno de Beethoven y profesor de Listz.

[18] El *Sobrino* de unos minutos antes (con su Tía) se ha transformado aquí en el *Primo* (con su prima Rosita), y así se le nombra en adelante.

PRIMO.—*(La lleva a un «vis a vis»* [19] *y se sientan.)*

¡Ay, prima, tesoro mío!,
ruiseñor de la nevada,
deja tu boca cerrada
al imaginario frío;
no es de hielo mi desvío,
que, aunque atraviese la mar,
el agua me ha de prestar
nardos de espuma y sosiego
para contener mi fuego
cuando me vaya a quemar.

ROSITA.—

Una noche, adormilada,
en mi balcón de jazmines,
vi bajar dos querubines
a una rosa enamorada;
ella se puso encarnada,
siendo blanco su color;
pero, como tierna flor,
sus pétalos encendidos
se fueron cayendo heridos
por el beso del amor.
Así yo, primo, inocente
en mi jardín de arrayanes,
daba al aire mis afanes
y mi blancura a la fuente.
Tierna gacela imprudente
alcé los ojos, te vi
y en mi corazón sentí

---

[19] *Vis a vis*: del francés *vis-à-vis*, frente a frente. Aquí, lugar apartado y propicio para hablar sin ser molestados.

agujas estremecidas
que me están abriendo heridas
rojas como el alhelí.

PRIMO.—

He de volver, prima mía,
para llevarte a mi lado
en barco de oro cuajado
con las velas de alegría;
luz y sombra, noche y día,
solo pensaré en quererte.

ROSITA.—

Pero el veneno que vierte
amor, sobre el alma sola,
tejerá con tierra y ola
el vestido de mi muerte.

PRIMO.—

Cuando mi caballo lento
coma tallos con rocío,
cuando la niebla del río
empañe el muro del viento,
cuando el verano violento
ponga el llano carmesí
y la escarcha deje en mí
alfileres de lucero,
te digo, porque te quiero,
que me moriré por ti.

ROSITA.—

Yo ansío verte llegar
una tarde por Granada
con toda la luz salada
por la nostalgia del mar;

amarillo limonar,
jazminero desangrado,
por las piedras enredado
impedirán tu camino,
y nardos en remolino
pondrán loco mi tejado.
¿Volverás?

PRIMO.—

Sí. ¡Volveré!

ROSITA.—

¿Qué paloma iluminada
me anunciará tu llegada!

PRIMO.—

El palomo de mi fe.

ROSITA.—

Mira que yo bordaré
sábanas para los dos.

PRIMO.—

Por los diamantes de Dios
y el clavel de su costado[20],
juro que vendré a tu lado.

ROSITA.—¡Adiós, primo!

PRIMO.—   ¡Prima, adiós!

(Se abrazan en el «vis a vis». Lejos se oye el piano.
El PRIMO *sale.* ROSITA *queda llorando. Aparece el* TÍO

---

[20] *el clavel de su costado* hace referencia a la llaga en el pecho
de Cristo crucificado; de ahí que *los diamantes de Dios* pueda pro-
ceder de la imagen de los clavos de la cruz, frecuentemente repre-
sentados en la iconografía religiosa con cabezas de aristas muy
similares a las de los diamantes.

170

que cruza la escena hacia el invernadero. Al ver a su
Tío, Rosita *coge el libro de las rosas que está al alcan-*
ce de su mano.)

Tío.—¿Qué hacías?

Rosita.—Nada.

Tío.—¿Estabas leyendo?

Rosita.—Sí. *(Sale el* Tío. *Leyendo.)*

> Cuando se abre en la mañana
> roja como sangre está;
> el rocío no la toca
> porque se teme quemar.
> Abierta en el mediodía
> es dura como el coral.
> El sol se asoma a los vidrios
> para verla relumbrar.
> Cuando en las ramas empiezan
> los pájaros a cantar
> y se desmaya la tarde
> en las violetas del mar,
> se pone blanca, con blanco
> de una mejilla de sal;
> y cuando toca la noche
> blando cuerno de metal
> y las estrellas avanzan
> mientras los aires se van,
> en la raya de lo oscuro
> se comienza a deshojar.

TELÓN

171

ACTO SEGUNDO

Salón de la casa de Doña Rosita. *Al fondo, el jardín.*

El Sr. X.—Pues yo siempre seré de este siglo.

Tío.—El siglo que acabamos de empezar será un siglo materialista.

El Sr. X.—Pero de mucho más adelanto que el que se fue. Mi amigo, el señor Longoria, de Madrid, acaba de comprar un automóvil con el que se lanza a la fantástica velocidad de treinta kilómetros por hora; y el Sha [21] de Persia, que por cierto es un hombre muy agradable, ha comprado también un Panhard Levasson [22] de veinticuatro caballos.

---

[21] *Sha*: Sah, máxima dignidad política de Irán o Persia hasta la revolución islámica de 1979.

[22] *Panhard Levasson*: Panhard Levasseur, fabricante francés de coches que, hacia 1900, fue el primero en colocar el motor delante de la máquina.

Tío.—Y digo yo: ¿adónde van con tanta prisa? Ya ve usted lo que ha pasado en la carrera París-Madrid, que ha habido que suspenderla, porque antes de llegar a Burdeos se mataron todos los corredores.

EL SR. X.—El conde Zborowsky, muerto en el accidente, y Marcel Renault [23], o Renol, que de ambas maneras suele y puede decirse, muerto también en el accidente, son mártires de la ciencia, que serán puestos en los altares el día en que venga la religión de lo positivo. A Renol lo conocí bastante. ¡Pobre Marcelo!

Tío.—No me convencerá usted. *(Se sienta.)*

EL SR. X.—*(Con el pie puesto en la silla y jugando con el bastón.)* Superlativamente; aunque un catedrático de Economía Política no puede discutir con un cultivador de rosas. Pero hoy día, créame usted, no privan los quietismos ni las ideas *oscurantistas*. Hoy día se abren camino un Juan Bautista Say [24] o Se, que de ambas maneras suele y puede decirse, o un conde León Tostuá, vulgo Tolstoi, tan galán en la forma como profundo en el concepto. Yo me siento en la Polis viviente; no soy partidario de la Natura Naturata.

---

[23] *El conde Zborowsky*, piloto de coches, y *Marcel Renault*, fabricante, fueron dos de las ocho víctimas producidas por aquella carrera histórica (1903), interrumpida en Burdeos, que tenía como objetivo recorrer la distancia entre París y Madrid.

[24] El Sr. X alardea de conocer el francés a propósito de Jean Baptiste Say (economista de comienzos del siglo XIX) o pronuncia a la francesa el ruso Tolstoi (el francés era todavía el idioma culto y moderno por excelencia). También menciona la Polis griega (organización de ciudadanos) y la «Natura Naturata» o generada por sí misma.

Tío.—Cada uno vive como puede o como sabe en esta vida diaria.

El Sr. X.—Está entendido, la Tierra es un planeta mediocre [25], pero hay que ayudar a la civilización. Si Santos Dumont, en vez de estudiar meteorología comparada, se hubiera dedicado a cuidar rosas, el aeróstato dirigible estaría en el seno de Brahma.

Tío.—*(Disgustado.)* La botánica también es una ciencia.

El Sr. X.—*(Despectivo.)* Sí, pero aplicada: para estudiar jugos de la *Anthemis* [26] olorosa, o el ruibarbo, o la enorme pulsátila, o el narcótico de la *Datura stramonium.*

Tío.—*(Ingenuo.)* ¿Le interesan a usted esas plantas?

El Sr. X.—No tengo el suficiente volumen de experiencia sobre ellas. Me interesa la cultura, que es distinto. *¡Voilà* [27]*! (Pausa.)* ¿Y... Rosita?

---

[25] «La tierra es un planeta mediocre» es una cita de José Ortega y Gasset. *Brahma*, dios hindú en su aspecto creador. *Alberto Santos Dumont*, inventor que perfeccionó el globo aerostático y también experimentó al comienzo del siglo XX, en Francia, los primeros aeroplanos.

[26] *Anthemis*: género de plantas mediterráneas de flores amarillas (la más común es la manzanilla); *ruibarbo:* hierba robusta de hojas comestibles cuyas raíces tienen propiedades medicinales; *pulsátila*: hierba vivaz que crece en tallos firmes coronados por una flor violácea; la *datura stramonium*, o estramonio, contiene alcaloides en sus hojas, semillas y raíces, por lo que se emplea como narcótico.

[27] *Voilá*, del francés: «Así es», «Eso es».

Tío.—¿Rosita? *(Pausa. En alta voz.)* ¡Rosita...!

Voz.—*(Dentro.)* No está.

Tío.—No está.

El Sr. X.—Lo siento.

Tío.—Yo también. Como es su santo, habrá salido a rezar los cuarenta credos.

El Sr. X.—Le entrega usted de mi parte este *pendentif* [28]. Es una Torre Eiffel de nácar sobre dos palomas que llevan en sus picos la rueda de la industria.

Tío.—Lo agradecerá mucho.

El Sr. X.—Estuve por haberla traído un cañoncito de plata por cuyo agujero se veía la Virgen de Lurdes, o Lourdes, o una hebilla para el cinturón hecha con una serpiente y cuatro libélulas, pero preferí lo primero por ser de más gusto.

Tío.—Gracias.

El Sr. X.—Encantado de su favorable acogida.

Tío.—Gracias.

El Sr. X.—Póngame a los pies de su señora esposa.

Tío.—Muchas gracias.

El Sr. X.—Póngame a los pies de su encantadora sobrinita, a la que deseo venturas en su celebrado onomástico.

Tío.—Mil gracias.

El Sr. X.—Considéreme seguro servidor suyo.

Tío.—Un millón de gracias.

El Sr. X.—Vuelvo a repetir...

Tío.—Gracias, gracias, gracias.

---

[28] *pendentif*: del francés, pendiente.

EL SR. X.—Hasta siempre. *(Se va.)*

TÍO.—*(A voces.)* Gracias, gracias, gracias.

AMA.—*(Sale riendo.)* No sé cómo tiene usted paciencia. Con este señor y con el otro, don Confucio Montes de Oca, bautizado en la logia [29] número cuarenta y tres, va a arder la casa un día.

TÍO.—Te he dicho que no me gusta que escuches las conversaciones.

AMA.—Eso se llama ser desagradecido. Estaba detrás de la puerta, sí señor, pero no era para oír, sino para poner una escoba boca arriba y que el señor se fuera.

TÍA.—¿Se fue ya?

TÍO.—Ya. *(Entra.)*

AMA.—¿También este pretende a Rosita?

TÍA.—Pero ¿por qué hablas de pretendientes? ¡No conoces a Rosita!

AMA.—Pero conozco a los pretendientes.

TÍA.—Mi sobrina está comprometida.

AMA.—No me haga usted hablar, no me haga usted hablar, no me haga usted hablar, no me haga usted hablar.

TÍA.—Pues cállate.

AMA.—¿A usted le parece bien que un hombre se vaya y deje quince años plantada a una mujer que es la flor de la manteca? Ella debe casarse. Ya me duelen las

---

[29] *logia*: organización de masones limitada a un territorio o una ciudad. Al decir el Ama que «va a arder la casa» alude al infierno, al que se van a condenar por recibir a miembros de la masonería, contra los que predicaba insistentemente la Iglesia.

manos de guardar mantelerías de encaje de Marsella y juegos de cama adornados de guipure [30] y caminos de mesa y cubrecamas de gasa con flores de realce. Es que ya debe usarlos y romperlos, pero ella no se da cuenta de cómo pasa el tiempo. Tendrá el pelo de plata y todavía estará cosiendo cintas de raso liberti en los volantes de su camisa de novia.

TÍA.—¿Pero por qué te metes en lo que no te importa?

AMA.—*(Con asombro.)* Pero si no me meto, es que estoy metida.

TÍA.—Yo estoy segura de que ella es feliz.

AMA.—Se lo figura. Ayer me tuvo todo el día acompañándola en la puerta del circo, porque se empeñó en que uno de los titiriteros se parecía a su primo.

TÍA.—¿Y se parecía realmente?

AMA.—Era hermoso como un novicio cuando sale a cantar la primera misa, pero ya quisiera su sobrino tener aquel talle, aquel cuello de nácar y aquel bigote. No se parecía nada. En la familia de ustedes no hay hombres guapos.

TÍA.—¡Gracias, mujer!

AMA.—Son todos bajos y un poquito caídos de hombros.

TÍA.—¡Vaya!

AMA.—Es la pura verdad, señora. Lo que pasó es que a Rosita le gustó el saltimbanqui, como me gustó a

---

[30] *guipure*: guipur, encaje de vacíos amplios y sin fondo alguno; *raso liberti*: tela semejante a la seda.

mí y como le gustaría a usted. Pero ella lo achaca todo al otro. A veces me gustaría tirarle un zapato a la cabeza. Porque de tanto mirar al cielo se le van a poner los ojos de vaca.

TÍA.—Bueno; y punto final. Bien está que la zafia[31] hable, pero que no ladre.

AMA.—No me echará usted en cara que no la quiero.

TÍA.—A veces me parece que no.

AMA.—El pan me quitaría de la boca y la sangre de mis venas, si ella me los deseara.

TÍA.—*(Fuerte.)* ¡Pico de falsa miel! ¡Palabras!

AMA.—*(Fuerte.)* ¡Y hechos! Lo tengo demostrado, ¡y hechos! La quiero más que usted.

TÍA.—Eso es mentira.

AMA.—*(Fuerte.)* ¡Eso es verdad!

TÍA.—¡No me levantes la voz!

AMA.—*(Alto.)* Para eso tengo la campanilla de la lengua.

TÍA.—¡Cállate, mal educada!

AMA.—Cuarenta años llevo al lado de usted.

TÍA.—*(Casi llorando.)* ¡Queda usted despedida!

AMA.—*(Fortísimo.)* ¡Gracias a Dios que la voy a perder de vista!

TÍA.—*(Llorando.)* ¡A la calle inmediatamente!

AMA.—*(Rompiendo a llorar.)* ¡A la calle!

(Se dirige llorando a la puerta y al entrar se le cae un objeto. Las dos están llorando. Pausa.)

---

[31] *zafia*: grosera, tosca.

Tía.—*(Limpiándose las lágrimas y dulcemente.)* ¿Qué se te ha caído?

Ama.—*(Llorando.)* Un portatermómetro, estilo Luis XV.

Tía.—¿Sí?

Ama.—Sí, señora. *(Lloran.)*

Tía.—¿A ver?

Ama.—Para el santo de Rosita. *(Se acerca.)*

Tía.—*(Sorbiendo.)* Es una preciosidad.

Ama.—*(Con voz de llanto.)* En medio del terciopelo hay una fuente hecha con caracoles de verdad; sobre la fuente una glorieta de alambre con rosas verdes; el agua de la taza es un grupo de lentejuelas azules y el surtidor es el propio termómetro. Los charcos que hay alrededor están pintados al aceite y encima de ellos bebe un ruiseñor todo bordado con hilo de oro. Yo quise que tuviera cuerda y cantara, pero no pudo ser.

Tía.—No pudo ser.

Ama.—Pero no hace falta que cante. En el jardín los tenemos vivos.

Tía.—Es verdad. *(Pausa.)* ¿Para qué te has metido en esto?

Ama.—*(Llorando.)* Yo doy todo lo que tengo por Rosita.

Tía.—¡Es que tú la quieres como nadie!

Ama.—Pero después que usted.

Tía.—No. Tú le has dado tu sangre.

Ama.—Usted le ha sacrificado su vida.

Tía.—Pero yo lo he hecho por deber y tú por generosidad.

AMA.—*(Más fuerte.)* ¡No diga usted eso!

TÍA.—Tú has demostrado quererla más que nadie.

AMA.—Yo he hecho lo que haría cualquiera en mi caso. Una criada. Ustedes me pagan y yo sirvo.

TÍA.—Siempre te hemos considerado como de la familia.

AMA.—Una humilde criada que da lo que tiene y nada más.

TÍA.—¿Pero me vas a decir que nada más?

AMA.—¿Y soy otra cosa?

TÍA.—*(Irritada.)* Eso no lo puedes decir aquí. Me voy por no oírte.

AMA.—*(Irritada.)* Y yo también.

(Salen rápidas una por cada puerta. Al salir la TÍA *se tropieza con el* TÍO.*)*

TÍO.—De tanto vivir juntas, los encajes se os hacen espinas.

TÍA.—Es que quiere salirse siempre con la suya.

TÍO.—No me expliques, ya me lo sé todo de memoria... Y sin embargo no puedes estar sin ella. Ayer oí cómo le explicabas con todo detalle nuestra cuenta corriente en el Banco. No te sabes quedar en tu sitio. No me parece conversación lo más a propósito para una criada.

TÍA.—Ella no es una criada.

TÍO.—*(Con dulzura.)* Basta, basta, no quiero llevarte la contraria.

TÍA.—¿Pero es que conmigo no se puede hablar?

TÍO.—Se puede, pero prefiero callarme.

TÍA.—Aunque te quedes con tus palabras de reproche.

Tío.—¿Para qué voy a decir nada a estas alturas? Por no discutir soy capaz de hacerme la cama, de limpiar mis trajes con jabón de palo[32] y cambiar las alfombras de mi habitación.

Tía.—No es justo que te des ese aire de hombre superior y mal servido, cuando todo en esta casa está supeditado a tu comodidad y a tus gustos.

Tío.—*(Dulce.)* Al contrario, hija.

Tía.—*(Seria.)* Completamente. En vez de hacer encajes, podo las plantas. ¿Qué haces tú por mí?

Tío.—Perdona. Llega un momento en que las personas que viven juntas muchos años hacen motivo de disgusto y de inquietud las cosas más pequeñas, para poner intensidad y afanes en lo que está definitivamente muerto. Con veinte años no teníamos estas conversaciones.

Tía.—No. Con veinte años se rompían los cristales...

Tío.—Y el frío era un juguete en nuestras manos.

(Aparece Rosita. *Viene vestida de rosa. Ya la moda ha cambiado de mangas de jamón a 1900. Falda en forma de campanela. Atraviesa la escena, rápida, con unas tijeras en la mano. En el centro, se para.)*

Rosita.—¿Ha llegado el cartero?

Tío.—¿Ha llegado?

Tía.—No sé. *(A voces.)* ¿Ha llegado el cartero? *(Pausa.)* No, todavía no.

Rosita.—Siempre pasa a estas horas.

---

[32] *jabón de palo*: palo de jabón, o madera del quillay, árbol de la América tropical cuya corteza interior se emplea como jabón.

Tío.—Hace rato debió llegar.

Tía.—Es que muchas veces se entretiene.

Rosita.—El otro día me lo encontré jugando al uni-uni-doli-doli [33] con tres chicos y todo el montón de cartas en el suelo.

Tía.—Ya vendrá.

Rosita.—Avisadme. *(Sale rápida.)*

Tío.—¿Pero dónde vas con esas tijeras?

Rosita.—Voy a cortar unas rosas.

Tío.—*(Asombrado.)* ¿Cómo? ¿Y quién te ha dado permiso?

Tía.—Yo. Es el día de su santo.

Rosita.—Quiero poner en las jardineras y en el florero de la entrada.

Tío.—Cada vez que cortáis una rosa es como si me cortaseis un dedo. Ya sé que es igual. *(Mirando a su mujer.)* No quiero discutir. Sé que duran poco. *(Entra el* Ama.*)* Así lo dice el vals de las rosas, que es una de las composiciones más bonitas de estos tiempos, pero no puedo reprimir el disgusto que me produce verlas en los búcaros. *(Sale de escena.)*

Rosita.—*(Al* Ama.*)* ¿Vino el correo?

Ama.—Pues para lo único que sirven las rosas es para adornar las habitaciones.

Rosita.—*(Irritada.)* Te he preguntado si ha venido el correo.

---

[33] *uni-uni-doli-doli*: variación del «uno-dos», típica del comienzo de varios juegos infantiles.

AMA.—*(Irritada.)* ¿Es que me guardo yo las cartas cuando vienen?

Tía.—Anda, corta las flores.

Rosita.—Para todo hay en esta casa una gotita de acíbar [34].

Ama.—Nos encontramos el rejalgar [35] por los rincones. *(Sale de escena.)*

Tía.—¿Estás contenta?

Rosita.—No sé.

Tía.—¿Y eso?

Rosita.—Cuando no veo a la gente estoy contenta, pero como la tengo que ver...

Tía.—¡Claro! No me gusta la vida que llevas. Tu novio no te exige que seas hurona. Siempre me dice en las cartas que salgas.

Rosita.—Pero es que en la calle noto cómo pasa el tiempo y no quiero perder las ilusiones. Ya han hecho otra casa nueva en la placeta. No quiero enterarme de cómo pasa el tiempo.

Tía.—¡Claro! Muchas veces te he aconsejado que escribas a tu primo y te cases aquí con otro. Tú eres alegre. Yo sé que hay muchachos y hombres maduros enamorados de ti.

Rosita.—¡Pero, tía! Tengo las raíces muy hondas, muy bien hincadas en mi sentimiento. Si no viera a la gente, me creería que hace una semana que se marchó.

---

[34] *acíbar*: sustancia resinosa muy amarga.

[35] *rejalgar*: mineral (sulfuro de arsénico) rojo y muy venenoso.

Yo espero como el primer día. Además, ¿qué es un año, ni dos, ni cinco? *(Suena una campanilla.)* El correo.

TÍA.—¿Qué te habrá mandado?

AMA.—*(Entrando en escena.)* Ahí están las solteronas cursilonas.

TÍA.—¡María Santísima!

ROSITA.—Que pasen.

AMA.—La madre y las tres niñas. Lujo por fuera y para la boca unas malas migas de maíz. ¡Qué azotazo en el... les daba...! *(Sale de escena. Entran las tres cursilonas y su mamá. Las tres* SOLTERONAS *vienen con inmensos sombreros de plumas malas, trajes exageradísimos, guantes hasta el codo con pulseras encima y abanicos pendientes de largas cadenas. La* MADRE *viste de negro pardo con un sombrero de viejas cintas moradas.)*

MADRE.—Felicidades. *(Se besan.)*

ROSITA.—Gracias. *(Besa a las* SOLTERONAS.*)* ¡Amor! ¡Caridad! ¡Clemencia!

SOLTERONA 1.ª—Felicidades.

SOLTERONA 2.ª—Felicidades.

SOLTERONA 3.ª—Felicidades.

TÍA.—*(A la* MADRE.*)*¿Cómo van esos pies?

MADRE.—Cada vez peor. Si no fuera por estas, estaría siempre en casa. *(Se sientan.)*

TÍA.—¿No se da usted las friegas con alhucemas [36]?

SOLTERONA 1.ª—Todas las noches.

SOLTERONA 2.ª—Y el cocimiento de malvas.

---

[36] *alhucema*: espliego, planta silvestre muy aromática que tiene propiedades medicinales.

TÍA.—No hay reúma que resista. *(Pausa.)*

MADRE.—¿Y su esposo?

TÍA.—Está bien, gracias. *(Pausa.)*

MADRE.—Con sus rosas.

TÍA.—Con sus rosas.

SOLTERONA 3.ª—¡Qué bonitas son las flores!

SOLTERONA 2.ª—Nosotras tenemos en una maceta un rosal de San Francisco.

ROSITA.—Pero las rosas de San Francisco no huelen.

SOLTERONA 1.ª—Muy poco.

MADRE.—A mí lo que más me gusta son las celindas [37].

SOLTERONA 3.ª—Las violetas son también preciosas. *(Pausa.)*

MADRE.—Niñas, ¿habéis traído la tarjeta?

SOLTERONA 3.ª—Sí. Es una niña vestida de rosa, que al mismo tiempo es barómetro. El fraile con la capucha está ya muy visto. Según la humedad, las faldas de la niña, que son de papel finísimo, se abren o se cierran.

ROSITA.—*(Leyendo.)*

Una mañana en el campo
cantaban los ruiseñores
y en su cántico decían:
Rosita, de las mejores.

¿Para qué se han molestado ustedes?

TÍA.—Es de mucho gusto.

MADRE.—¡Gusto no me falta, lo que me falta es dinero!

_____

[37] *celinda*: también «celindo», arbusto de jardín que en primavera da flores blancas algo acremadas y muy olorosas en grupos abundantes.

185

SOLTERONA 1.ª—¡Mamá...!

SOLTERONA 2.ª—¡Mamá...!

SOLTERONA 3.ª—¡Mamá...!

MADRE.—Hijas, aquí tengo confianza. No nos oye nadie. Pero usted lo sabe muy bien: desde que faltó mi pobre marido hago verdaderos milagros para administrar la pensión que nos queda. Todavía me parece oír al padre de estas hijas, cuando, generoso y caballero como era, me decía: «Enriqueta, gasta, gasta, que ya gano setenta duros»; ¡pero aquellos tiempos pasaron! A pesar de todo, nosotras no hemos descendido de clase. ¡Y qué angustias he pasado, señora, para que estas hijas puedan seguir usando sombrero! ¡Cuántas lágrimas, cuántas tristezas, por una cinta o un grupo de bucles! Esas plumas y esos alambres me tienen costado muchas noches en vela.

SOLTERONA 3.ª—¡Mamá...!

MADRE.—Es la verdad, hija mía. No nos podemos extralimitar lo más mínimo. Muchas veces les pregunto: «¿Qué queréis, hijas de mi alma: ¿huevo en el almuerzo o silla en el paseo?». Y ellas me responden las tres a la vez: «Sillas».

SOLTERONA 3.ª—Mamá, no comentes más esto. Todo Granada lo sabe.

MADRE.—Claro, ¿qué van a contestar? Y allá nos vamos con unas patatas y un racimo de uvas [38], pero con capa de mongolia o sombrilla pintada o blusa de

---

[38] *Con unas patatas y...*: lo único que han comido; *popelinette*: «popelín», género de algodón, que contiene un dibujo en forma de bordón transversal y brillante.

popelinette, con todos los detalles. Porque no hay más remedio. ¡Pero a mí me cuesta la vida! Y se me llenan los ojos de lágrimas cuando las veo alternar con las que pueden.

SOLTERONA 2.ª—¿No vas ahora a la Alameda, Rosita?

ROSITA.—No.

SOLTERONA 3.ª—Allí nos reunimos siempre con las de Ponce de León, con las de Herrasti y con las de la Baronesa de Santa Matilde de la Bendición Papal. Lo mejor de Granada.

MADRE.—¡Claro! Estuvieron juntas en el Colegio de la Puerta del Cielo. *(Pausa.)*

TÍA.—*(Levantándose.)* Tomarán ustedes algo. *(Se levantan todas.)*

MADRE.—No hay manos como las de usted para el piñonate [39] y el pastel de gloria.

SOLTERONA 1.ª—*(A ROSITA.)* ¿Tienes noticias?

ROSITA.—El último correo me prometía novedades. Veremos a ver este.

SOLTERONA 3.ª—¿Has terminado el juego de encajes valenciennes [40]?

ROSITA.—¡Toma! Ya he hecho otro de nansú [41] con mariposas a la aguada.

---

[39] *piñonate*: pasta dulce que se confecciona con piñones y azúcar; *pastel de gloria*: pastel de hojaldre relleno de crema.

[40] *encajes valenciennes*: originarios de Valenciennes (ciudad del norte de Francia).

[41] *nansú:* tela fina de algodón, semejante a la batista en lo transparente, pero más suave, originaria de Oriente, que se emplea para blusas ligeras o pañuelos; *a la aguada*: figurando dibujos de agua.

187

SOLTERONA 2.ª—El día que te cases vas a llevar el mejor ajuar del mundo.

ROSITA.—¡Ay, yo pienso que todo es poco! Dicen que los hombres se cansan de una si la ven siempre con el mismo vestido.

AMA.—*(Entrando.)* Ahí están las de Ayola, el fotógrafo.

TÍA.—Las señoritas de Ayola, querrás decir.

AMA.—Ahí están las señoronas por todo lo alto de Ayola, fotógrafo de Su Majestad y medalla de oro en la exposición de Madrid. *(Sale.)*

TÍA.—Hay que aguantarla; pero a veces me crispa los nervios. *(Las* SOLTERONAS *están con* ROSITA *viendo unos paños.)* Están imposibles.

MADRE.—Envalentonadas. Yo tengo una muchacha que nos arregla el piso por las tardes; ganaba lo que han ganado siempre: una peseta al mes y las sobras, que ya está bien en estos tiempos; pues el otro día se nos descolgó diciendo que quería un duro, ¡y yo no puedo!

TÍA.—No sé dónde vamos a parar. *(Entran las* NIÑAS *de* AYOLA *que saludan a* ROSITA *con alegría. Vienen con la moda exageradísima de la época y ricamente vestidas.)*

ROSITA.—¿No se conocen ustedes?

AYOLA 1.ª—De vista.

ROSITA.—Las señoritas de Ayola, la señora y señoritas de Escarpini.

AYOLA 2.ª—Ya las vemos sentadas en sus sillas del paseo. *(Disimulan la risa.)*

ROSITA.—Tomen asiento. *(Se sientan las* SOLTERONAS.*)*

TÍA.—*(A las de* AYOLA.*)* ¿Queréis un dulcecito?

AYOLA 2.ª—No; hemos comido hace poco. Por cierto que yo tomé cuatro huevos con picadillo de tomate, y casi no me podía levantar de la silla.

AYOLA 1.ª—¡Qué graciosa! *(Ríen. Pausa. Las* AYOLA *inician una risa incontenible que se comunica a* ROSITA, *que hace esfuerzos por contenerlas. Las* CURSILONAS *y su* MADRE *están serias. Pausa.)*

TÍA.—¡Qué criaturas!

MADRE.—¡La juventud!

TÍA.—Es la edad dichosa.

ROSITA.—*(Andando por la escena como arreglando cosas.)* Por favor, callarse. *(Se callan.)*

TÍA.—(*A* SOLTERONA 3.ª) ¿Y ese piano?

SOLTERONA 3.ª—Ahora estudio poco. Tengo muchas labores que hacer.

ROSITA.—Hace mucho tiempo que no te he oído.

MADRE.—Si no fuera por mí, ya se le habrían engarabitado los dedos. Pero siempre estoy con el tole tole [42].

SOLTERONA 2.ª—Desde que murió el pobre papá no tiene ganas. ¡Como a él le gustaba tanto!

SOLTERONA 3.ª—Me acuerdo que [43] algunas veces se le caían las lágrimas.

SOLTERONA 1.ª—Cuando tocaba la tarantela [44] de Popper.

---

[42] *tole tole*: jaleo, griterío; aquí, advertencia insistente, molesta.

[43] *Me acuerdo que*...: Lorca reproduce el habitual error por «me acuerdo de que...».

[44] *tarantela*: danza napolitana de ritmo muy vivo; *David Popper* (1843-1913): chelista y compositor austriaco.

SOLTERONA 2.ª — Y la plegaria de la Virgen.

MADRE. — ¡Tenía mucho corazón! *(Las* AYOLA, *que han estado conteniendo la risa, rompen a reír en grandes carcajadas.* ROSITA, *vuelta de espaldas a las* SOLTERONAS, *ríe también, pero se domina.)*

TÍA. — ¡Qué chiquillas!

AYOLA 1.ª — Nos reímos porque antes de entrar aquí...

AYOLA 2.ª — Tropezó esta y estuvo a punto de dar la vuelta de campana...

AYOLA 1.ª — Y yo... *(Ríen. Las* SOLTERONAS *inician una leve risa fingida con un matiz cansado y triste.)*

MADRE. — ¡Ya nos vamos!

TÍA. — De ninguna manera.

ROSITA. — *(A todas.)* ¡Pues celebremos que no te hayas caído! Ama, trae los huesos de Santa Catalina [45].

SOLTERONA 3.ª — ¡Qué ricos son!

MADRE. — El año pasado nos regalaron a nosotras medio kilo. *(Entra el* AMA *con los huesos.)*

AMA. — Bocados para gente fina. *(A* ROSITA.*)* Ya viene el correo por los alamillos.

ROSITA. — ¡Espéralo en la puerta!

AYOLA 1.ª — Yo no quiero comer. Prefiero una palomilla de anís [46].

---

[45] *huesos de Santa Catalina*: dulces de mazapán relleno, llamados en otros lugares y épocas «huesos de santo».

[46] *palomilla de anís*: mezcla de una pequeña porción de anís y el resto de agua fresca, que llena el vaso de un líquido blanquecino (de ahí, «paloma»), muy popular entonces en zonas meridionales.

AYOLA 2.ª—Y yo de agraz[47].

ROSITA.—¡Tú siempre tan borrachilla!

AYOLA 1.ª—Cuando yo tenía seis años venía aquí y el novio de Rosita me acostumbró a beberlas. ¿No recuerdas, Rosita?

ROSITA.—*(Seria.)* ¡No!

AYOLA 2.ª—A mí, Rosita y su novio me enseñaban las letras B, C, D... ¿Cuánto tiempo hace de esto?

TÍA.—¡Quince años!

AYOLA 1.ª—A mí, casi, casi, se me ha olvidado la cara de tu novio.

AYOLA 2.ª—¿No tenía una cicatriz en el labio?

ROSITA.—¿Una cicatriz? Tía, ¿tenía una cicatriz?

TÍA.—¿Pero no te acuerdas, hija? Era lo único que le afeaba un poco.

ROSITA.—Pero no era una cicatriz, era una quemadura, un poquito rosada. Las cicatrices son hondas.

AYOLA 1.ª—¡Tengo una gana de que Rosita se case!

ROSITA.—¡Por Dios!

AYOLA 2.ª—Nada de tonterías. ¡Yo también!

ROSITA.—¿Por qué?

AYOLA 1.ª—Para ir a una boda. En cuanto yo pueda me caso.

TÍA.—¡Niña!

AYOLA 1.ª—Con quien sea, pero no me quiero quedar soltera.

---

[47] *agraz*: refresco compuesto de zumo de uva sin madurar, agua y azúcar.

191

AYOLA 2.ª—Yo pienso igual.

TÍA.—*(A la* MADRE.*)* ¿Qué le parece a usted?

AYOLA 1.ª—¡Ay! ¡Y si soy amiga de Rosita es porque sé que tiene novio! Las mujeres sin novio están pochas, recocidas y todas ellas... *(Al ver a las* SOLTERONAS.*)* Bueno, todas no; algunas de ellas... En fin, ¡todas están rabiadas!

TÍA.—¡Ea! Ya está bien.

MADRE.—Déjela.

SOLTERONA 1.ª—Hay muchas que no se casan porque no quieren.

AYOLA 2.ª—Eso no lo creo yo.

SOLTERONA 1.ª—*(Con intención.)* Lo sé muy cierto.

AYOLA 2.ª—La que no se quiere casar, deja de echarse polvos y ponerse postizos debajo de la pechera, y no se está día y noche en las barandillas del balcón atisbando la gente.

SOLTERONA 2.ª—¡Le puede gustar tomar el aire!

ROSITA.—Pero ¡qué discusión más tonta! *(Ríen forzosamente.)*

TÍA.—Bueno. ¿Por qué no tocamos un poquito?

MADRE.—¡Anda, niña!

SOLTERONA 3.ª—*(Levantándose.)* Pero ¿qué toco?

AYOLA 2.ª—Toca *¡Viva Frascuelo!*

SOLTERONA 2.ª—La barcarola de *La Fragata Numancia.*

ROSITA.—¿Y por qué no *Lo que dicen las flores*?

MADRE.—¡Ah, sí, *Lo que dicen las flores*! *(A la* TÍA.*)* ¿No la ha oído usted? Habla y toca al mismo tiempo. ¡Una preciosidad!

SOLTERONA 3.ª—También puedo decir: «Volverán las oscuras golondrinas, de tu balcón los nidos[48] a colgar».

AYOLA 1.ª—Eso es muy triste.

SOLTERONA 1.ª—Lo triste es bonito también.

TÍA.—¡Vamos! ¡Vamos!

SOLTERONA 3.ª—*(En el piano.)*

> Madre, llévame a los campos
> con la luz de la mañana
> a ver abrirse las flores
> cuando se mecen las ramas.
> Mil flores dicen mil cosas
> para mil enamoradas,
> y la fuente está contando
> lo que el ruiseñor se calla.

ROSITA.—

> Abierta estaba la rosa
> con la luz de la mañana;
> tan roja de sangre tierna,
> que el rocío se alejaba;
> tan caliente sobre el tallo,
> que la brisa se quemaba;
> ¡tan alta!, ¡cómo reluce!
> ¡Abierta estaba!

SOLTERONA 3.ª—

> «Solo en ti pongo mis ojos»,
> el heliotropo expresaba.
> «No te querré mientras viva»,
> dice la flor de la albahaca.

---

[48] La cita correcta de Bécquer es: «... sus nidos...».

«Soy tímida», la violeta.
«Soy fría», la rosa blanca.
Dice el jazmín: «Seré fiel»,
y el clavel: «¡Apasionada!»

SOLTERONA 2.ª —

El jacinto es la amargura;
el dolor, la pasionaria;

SOLTERONA 1.ª —

El jaramago, el desprecio,
y los lirios, la esperanza.

TÍA. —

Dice el nardo: «Soy tu amigo»;
«creo en ti», la pasionaria.
La madreselva te mece,
la siempreviva te mata.

MADRE. —

Siempreviva de la muerte,
flor de las manos cruzadas;
¡qué bien estás cuando el aire
llora sobre tu guirnalda!

ROSITA. —

Abierta estaba la rosa,
pero la tarde llegaba,
y un rumor de nieve triste
le fue pasando las ramas;
cuando la sombra volvía,
cuando el ruiseñor cantaba,
como una muerta de pena
se puso transida y blanca;
y cuando la noche, grande

cuerno de metal sonaba
y los vientos enlazados
dormían en la montaña,
se deshojó suspirando
por los cristales del alba.

SOLTERONA 3.ª—

Sobre tu largo cabello
gimen las flores cortadas.
Unas llevan puñalitos,
otras fuego y otras agua.

SOLTERONA 1.ª—

Las flores tienen su lengua
para las enamoradas.

ROSITA.—

Son celos el carambuco;
desdén esquivo la dalia;
suspiros de amor el nardo;
risa, la gala de Francia.
Las amarillas son odio;
el furor, las encarnadas;
las blancas son casamiento
y las azules, mortaja.

SOLTERONA 3.ª—

Madre, llévame a los campos
con la luz de la mañana
a ver abrirse las flores
cuando se mecen las ramas.

(El piano hace la última escala y se para.)

TÍA.—¡Ay, qué preciosidad!

195

MADRE.—Saben también el lenguaje del abanico, el lenguaje de los guantes, el lenguaje de los sellos y el lenguaje de las horas. A mí se me pone la carne de gallina cuando dicen aquello:

> Las doce dan sobre el mundo
> con horrísono rigor;
> de la hora de tu muerte
> acuérdate, pecador.

AYOLA 1.ª—*(Con la boca llena de dulce.)* ¡Qué cosa más fea!

MADRE.—Y cuando dicen:

> A la una nacemos,
> la ra la, la,
> y este nacer,
> la, la, ran,
> es como abrir los ojos,
> lan,
> en un vergel,
> vergel, vergel.

AYOLA 2.ª—*(A su hermana.)* Me parece que la vieja ha empinado el codo *(A la* MADRE.*)* ¿Quiere otra copita?

MADRE.—Con sumo gusto y fina voluntad, como se decía en mi época.

*(*ROSITA *ha estado espiando la llegada del correo.)*

AMA.—¡El correo! *(Algazara general.)*

TÍA.—Y ha llegado justo.

SOLTERONA 3.ª—Ha tenido que contar los días para que llegue hoy.

MADRE. —¡Es una fineza!

AYOLA 2.ª—¡Abre la carta!

AYOLA 1.ª—Más discreto es que la leas tú sola, porque a lo mejor te dice algo verde.

MADRE. —¡Jesús!

(Sale ROSITA *con la carta.)*

AYOLA 1.ª—Una carta de un novio no es un devocionario.

SOLTERONA 3.ª—Es un devocionario de amor.

AYOLA 2.ª—¡Ay, qué finoda [49]! *(Ríen las* AYOLA.*)*

AYOLA 1.ª—Se conoce que no ha recibido ninguna.

MADRE. —*(Fuerte.)* ¡Afortunadamente para ella!

AYOLA 1.ª—Con su pan se lo coma.

TÍA. —*(Al* AMA *que va a entrar con* ROSITA.*)* ¿Dónde vas tú?

AMA. —¿Es que no puedo dar un paso?

TÍA. —¡Déjala a ella!

ROSITA. —*(Saliendo.)* ¡Tía! ¡Tía!

TÍA. —Hija, ¿qué pasa?

ROSITA. —*(Con agitación.)* ¡Ay, tía!

AYOLA 1.ª—¿Qué?

SOLTERONA 3.ª—¡Dinos!

AYOLA 2.ª—¿Qué?

AMA. —¡Habla!

TÍA. —¡Rompe!

MADRE. —¡Un vaso de agua!

AYOLA 2.ª—¡Venga!

AYOLA 1.ª—Pronto. *(Algazara.)*

---

[49] *finoda*: ridiculización de «fina», como «finolis».

ROSITA.—*(Con voz ahogada.)* Que se casa... *(Espanto en todos).* Que se casa conmigo, porque ya no puede más, pero que...

AYOLA 2.ª—*(Abrazándola.)* ¡Olé! ¡Qué alegría!

AYOLA 1.ª—¡Un abrazo!

TÍA.—Dejadla hablar.

ROSITA.—*(Más calmada.)* Pero como le es imposible venir por ahora, la boda será por poderes y luego vendrá él.

SOLTERONA 1.ª—¡Enhorabuena!

MADRE.—*(Casi llorando.)* ¿Dios te haga lo feliz que mereces! *(La abraza.)*

AMA.—Bueno, y «poderes» ¿qué es?

ROSITA.—Nada. Una persona representa al novio en la ceremonia.

AMA.—¿Y qué más?

ROSITA.—¡Que está una casada!

AMA.—Y por la noche, ¿qué?

ROSITA.—¡Por Dios!

AYOLA 1.ª—Muy bien dicho. Y por la noche, ¿qué?

TÍA.—¡Niñas!

AMA.—¡Que venga en persona y se case! ¡«Poderes»! No lo he oído decir nunca. La cama y sus pinturas, temblando de frío, y la camisa de novia en lo más oscuro del baúl. Señora, no deje usted que los «poderes» entren en esta casa. *(Ríen todos.)* ¡Señora, que yo no quiero «poderes»!

ROSITA.—Pero él vendrá pronto. ¡Esto es una prueba más de lo que me quiere!

AMA.—¡Eso! ¡Que venga! Y que te coja del brazo y que menee el azúcar de tu café [50] y lo pruebe antes a ver si quema. *(Risas. Aparece el* TÍO *con una rosa.)*

ROSITA.—¡Tío!

TÍO.—¡Lo he oído todo, y casi sin darme cuenta he cortado la única rosa mudable que tenía en mi invernadero! Todavía estaba roja:

> Abierta en el mediodía
> es roja como el coral.

ROSITA.—

> El sol se asoma a los vidrios
> para verla relumbrar.

TÍO.—Si hubiera tardado dos horas más en cortarla, te la hubiese dado blanca.

ROSITA.—

> Blanca como la paloma,
> como la risa del mar;
> blanca con el blanco frío
> de una mejilla de sal.

TÍO.—Pero todavía, todavía tiene la brasa de su juventud.

TÍA.—Bebe conmigo una copita, hombre. Hoy es día de que lo hagas.

(Algazara. La SOLTERONA 3.ª *se sienta al piano y toca una polca* [51]. ROSITA *está mirando la rosa.*

---

[50] Con una expresión aparentemente neutra, el Ama alude al sexo: «Tomar café» se emplea con la misma intención en coplas populares.

[51] *polca*: danza centroeuropea de ritmo rápido.

Las SOLTERONAS 2.ª *y* 1ª *bailan con las* AYOLA *y cantan.)*

> Porque, mujer, te vi,
> a la orilla del mar,
> tu dulce languidez
> me hacía suspirar,
> y aquel dulzor sutil
> de mi ilusión fatal
> a la luz de la luna
> lo viste naufragar.

(La TÍA *y el* TÍO *bailan.* ROSITA *se dirige a la pareja* SOLTERA 2.ª *y* AYOLA. *Baila con la* SOLTERA. *La* AYOLA *bate palmas al ver a los viejos y el* AMA *al entrar hace el mismo juego.)*

TELÓN

ACTO TERCERO

Sala baja de ventanas con persianas verdes que dan
al Jardín del Carmen. Hay un silencio en la escena. Un
reloj da las seis de la tarde. Cruza la escena el Ama
con un cajón y una maleta. Han pasado diez años.
Aparece la Tía *y se sienta en una silla baja, en el cen-*
tro de la escena. Silencio. El reloj vuelve a dar las seis.
Pausa.

Ama.—*(Entrando.)* La repetición de las seis.

Tía.—¿Y la niña?

Ama.—Arriba, en la torre. Y usted, ¿dónde estaba?

Tía.—Quitando las últimas macetas del invernadero.

Ama.—No la he visto en toda la mañana.

Tía.—Desde que murió mi marido está la casa tan
vacía que parece el doble de grande, y hasta tenemos
que buscarnos. Algunas noches, cuando toso en mi
cuarto, oigo un eco como si estuviera en una iglesia.

Ama.—Es verdad que la casa resulta demasiado
grande.

TÍA.—Y luego..., si él viviera, con aquella claridad que tenía, con aquel talento... *(Casi llorando.)*

AMA.—*(Cantando.)* Lan-lan-van-lan-lan... No, señora, llorar no lo consiento. Hace ya seis años que murió y no quiero que esté usted como el primer día. ¡Bastante lo hemos llorado! ¡A pisar firme, señora! ¡Salga el sol por las esquinas! ¡Que nos espere muchos años todavía cortando rosas!

TÍA.—*(Levantándose.)* Estoy muy viejecita, ama. Tenemos encima una ruina muy grande.

AMA.—No nos faltará. ¡También yo estoy vieja!

TÍA.—¡Ojalá tuviera yo tus años!

AMA.—Nos llevamos poco, pero como yo he trabajado mucho, estoy engrasada, y a usted, a fuerza de poltrona, se le han engarabitado las piernas.

TÍA.—¿Es que te parece que yo no he trabajado?

AMA.—Con las puntillas de los dedos, con hilos, con tallos, con confituras; en cambio yo he trabajado con las espaldas, con las rodillas, con las uñas...

TÍA.—Entonces, gobernar una casa ¿no es trabajar?

AMA.—Es mucho más difícil fregar sus suelos.

TÍA.—No quiero discutir.

AMA.—¿Y por qué no? Así pasamos el rato. Ande. Replíqueme. Pero nos hemos quedado mudas. Antes se daban voces. Que si esto, que si lo otro, que si las natillas, que si no planches más...

TÍA.—Yo ya estoy entregada..., y un día sopas, otro día migas, mi vasito de agua y mi rosario en el bolsillo, esperaría la muerte con dignidad... ¡Pero cuando pienso en Rosita!

AMA.—¡Esa es la llaga!

TÍA.—*(Enardecida.)* Cuando pienso en la mala acción que le han hecho y en el terrible engaño mantenido y en la falsedad del corazón de ese hombre, que no es de mi familia ni merece ser de mi familia, quisiera tener veinte años para tomar un vapor y llegar a Tucumán y coger un látigo...

AMA.—*(Interrumpiéndola.)* ... y coger una espada y cortarle la cabeza y machacársela con dos piedras y cortarle la mano del falso juramento y las mentirosas escrituras de cariño.

TÍA.—Sí, sí; que pagara con sangre lo que sangre ha costado, aunque toda sea sangre mía, y después...

AMA.—... aventar las cenizas sobre el mar.

TÍA.—Resucitarlo y traerlo con Rosita para respirar satisfecha con la honra de los míos.

AMA.—Ahora me dará usted la razón.

TÍA.—Te la doy.

AMA.—Allí encontró la rica que iba buscando y se casó, pero debió decirlo a tiempo. Porque, ¿quién quiere ya a esta mujer? ¡Ya está pasada! Señora: ¿y no le podríamos mandar una carta envenenada, que se muriera de repente al recibirla?

TÍA.—¡Qué cosas! Ocho años lleva de matrimonio, y hasta el mes pasado no me escribió el canalla la verdad. Yo notaba algo en las cartas; los poderes que no venían, un aire dudoso..., no se atrevía, pero al fin lo hizo. ¡Claro que después que su padre murió! Y esta criatura...

AMA.—¡Chist...!

Tía.— Y recoge las dos orzas [52].

(*Aparece* Rosita. *Viene vestida de un rosa claro con moda del 1910. Entra peinada de bucles. Está muy avejentada.*)

Ama.— ¡Niña!

Rosita.— ¿Qué hacéis?

Ama.— Criticando un poquito. Y tú, ¿dónde vas?

Rosita.— Voy al invernadero. ¿Se llevaron ya las macetas?

Tía.— Quedan unas pocas.

(*Sale* Rosita. *Se limpian las lágrimas las dos mujeres.*)

Ama.— ¿Y ya está? ¿Usted sentada y yo sentada? ¿Y a morir tocan? ¿Y no hay ley? ¿Y no hay gábilos [53] para hacerlo polvo...?

Tía.— Calla, ¡no sigas!

Ama.— Yo no tengo genio para aguantar estas cosas sin que el corazón me corra por todo el pecho como si fuera un perro perseguido. Cuando yo enterré a mi marido lo sentí mucho, pero tenía en el fondo una gran alegría..., alegría no..., golpetazos de ver que la enterrada no era yo. Cuando enterré a mi niña... ¿me entiende usted?, cuando enterré a mi niña fue como si me pisotearan las entrañas, pero los muertos son muertos. Están muertos, vamos a llorar, se cierra la puerta, ¡y a vivir! Pero esto de mi Rosita es lo peor. Es querer y no encontrar el

---

[52] *orza*: vasija de barro en forma de ánfora ancha, basta, sin asas, que se emplea para conservar alimentos.

[53] *gábilos*: arrestos, bríos para enfrentarse a alguien o realizar una empresa.

cuerpo; es llorar y no saber por quién se llora; es suspirar por alguien que uno sabe que no se merece los suspiros. Es una herida abierta que mana sin parar un hilito de sangre, y no hay nadie, nadie del mundo, que traiga los algodones, las vendas o el precioso terrón de nieve.

Tía.—¿Qué quieres que yo haga?

Ama.—Que nos lleve el río.

Tía.—A la vejez todo se nos vuelve de espaldas.

Ama.—Mientras yo tenga brazos nada le faltará.

Tía.—*(Pausa. Muy bajo, como con vergüenza.)* Ama, ¡ya no puedo pagar tus mensualidades! Tendrás que abandonarnos.

Ama.—¡Huuy! ¡Qué airazo entra por las ventanas! ¡Huuuy...! ¿O será que me estoy volviendo sorda? Pues... ¿y las ganas que me entran de cantar? ¡Como los niños que salen del colegio! *(Se oyen voces infantiles.)* ¿Lo oye usted, señora? Mi señora, más señora que nunca. *(La abraza.)*

Tía.—Oye.

Ama.—Voy a guisar. Una cazuela de jureles [54] perfumada con hinojos.

Tía.—¡Escucha!

Ama.—¡Y un monte nevado! Le voy a hacer un monte nevado con grageas [55] de colores...

---

[54] *jureles*: pescados baratos, similares a los chicharros; *hinojos*: hierbas muy aromáticas que se emplean como condimento y en infusión, por sus propiedades medicinales.

[55] *grageas*: confites menudos que se colocan como adornos de una tarta o pastel de crema (de ahí «un monte nevado»).

TÍA.—¡Pero mujer!...

AMA.—*(A voces.)* ¡Digo!... ¡Si está aquí don Martín! Don Martín, ¡adelante! ¡Vamos! Entretenga un poco a la señora.

(Sale rápida. Entra DON MARTÍN. Es un viejo con el pelo rojo. Lleva una muleta con la que sostiene una pierna encogida. Tipo noble, de gran dignidad, con un aire de tristeza definitiva.)

TÍA.—¡Dichosos los ojos!

MARTÍN.—¿Cuándo es la arrancada definitiva?

TÍA.—Hoy.

MARTÍN.—¡Qué se le va a hacer!

TÍA.—La nueva casa no es esto. Pero tiene buenas vistas y un patinillo con dos higueras donde se pueden tener flores.

MARTÍN.—Más vale así. *(Se sientan.)*

TÍA.—¿Y usted?

MARTÍN.—Mi vida de siempre. Vengo de explicar mi clase de Preceptiva[56]. Un verdadero infierno. Era una lección preciosa: «Concepto y definición de la Harmonía[57]», pero a los niños no les interesa nada. ¡Y qué niños! A mí, como me ven inútil, me respetan un poquito; alguna vez un alfiler que otro en el asiento, o un muñequito en la espalda, pero a mis compañeros les hacen cosas horribles. Son los niños de los

---

[56] *Preceptiva*: asignatura que trataba de las normas que rigen la obra literaria.

[57] *Harmonía*: forma culta, ya entonces en desuso, de designar la armonía.

ricos y, como pagan, no se les puede castigar. Así nos dice siempre el director. Ayer se empeñaron en que el pobre señor Canito, profesor nuevo de Geografía, llevaba corsé, porque tiene un cuerpo algo retrepado[58], y cuando estaba solo en el patio, se reunieron los grandullones y los internos, lo desnudaron de cintura para arriba, lo ataron a una de las columnas del corredor y le arrojaron desde el balcón un jarro de agua.

TÍA. — ¡Pobre criatura!

MARTÍN. — Todos los días entro temblando en el colegio esperando lo que van a hacerme, aunque, como digo, respetan algo mi desgracia. Hace un rato tenían un escándalo enorme, porque el señor Consuegra, que explica latín admirablemente, había encontrado un excremento de gato sobre su lista de clase.

TÍA. — ¡Son el enemigo!

MARTÍN. — Son los que pagan y vivimos con ellos. Y créame usted que los padres se ríen luego de las infamias, porque como somos los pasantes[59] y no les vamos a examinar los hijos, nos consideran como hombres sin sentimiento, como a personas situadas en el último escalón de gente que lleva todavía corbata y cuello planchado.

TÍA. — ¡Ay, don Martín! ¡Qué mundo este!

---

[58] *retrepado*: echado hacia atrás.

[59] *pasantes*: profesores subalternos que repasaban las lecciones a los estudiantes o les ayudaban a aprenderlas.

MARTÍN. — ¡Qué mundo! Yo soñaba siempre ser poeta. Me dieron una flor natural [60] y escribí un drama que nunca se pudo representar.

TÍA. — ¿*La hija de Jefté?*

MARTÍN. — ¡Eso es!

TÍA. — Rosita y yo lo hemos leído. Usted nos lo prestó. ¡Lo hemos leído cuatro o cinco veces!

MARTÍN. — *(Con ansia.)* Y ¿qué...?

TÍA. — Me gustó mucho. Se lo he dicho siempre. Sobre todo cuando ella va a morir y se acuerda de su madre y la llama.

MARTÍN. — Es fuerte, ¿verdad? Un drama verdadero. Un drama de contorno y de concepto. Nunca se pudo representar. *(Rompiendo a recitar.)*

> ¡Oh madre excelsa! Torna tu mirada
> a la que en vil sopor rendida yace;
> ¡recibe tú las fúlgidas preseas
> y el hórrido estertor de mi combate!

¿Y es que esto está mal? ¿Y es que no suena bien de acento y de cesura este verso: «y el hórrido estertor de mi combate»?

TÍA. — ¡Precioso! ¡Precioso!

MARTÍN. — Y cuando Glucinio se va a encontrar con Isaías y levanta el tapiz de la tienda...

---

[60] *flor natural*: premio literario concedido a una composición poética, generalmente convocado con motivo de las fiestas de una población.

AMA.—*(Interrumpiéndole.)* Por aquí. *(Entran dos* OBREROS *vestidos con trajes de pana.)*

OBRERO 1.º—Buenas tardes.

MARTÍN Y TÍA.—*(Juntos.)* Buenas tardes.

AMA.—¡Ese es! *(Señala un diván grande que hay al fondo de la habitación. Los* HOMBRES *lo sacan lentamente como si sacaran un ataúd. El* AMA *los sigue. Silencio. Se oyen dos campanadas mientras salen los* HOMBRES *con el diván.)*

MARTÍN.—¿Es la Novena [61] de Santa Gertrudis la Magna?

TÍA.—Sí, en San Antón.

MARTÍN.—¡Es muy difícil ser poeta! *(Salen los* HOMBRES.*)* Después quise ser farmacéutico. Es una vida tranquila.

TÍA.—Mi hermano, que en gloria esté, era farmacéutico.

MARTÍN.—Pero no pude. Tenía que ayudar a mi madre y me hice profesor. Por eso envidiaba yo tanto a su marido. Él fue lo que quiso.

TÍA.—¡Y le costó la ruina!

MARTÍN.—Sí, pero es peor esto mío.

TÍA.—Pero usted sigue escribiendo.

MARTÍN.—No sé por qué escribo, porque no tengo ilusión, pero sin embargo es lo único que me gusta.

---

[61] *Novena*: ceremonia litúrgica, generalmente vespertina, a la que debe asistirse nueve veces para que surta los efectos personales deseados.

¿Leyó usted mi cuento de ayer en el segundo número de *Mentalidad Granadina*?

TÍA.—¿«El cumpleaños de Matilde»? Sí, lo leímos; una preciosidad.

MARTÍN.—¿Verdad que sí? Ahí he querido renovarme haciendo una cosa de ambiente actual; ¡hasta hablo de un aeroplano! Verdad es que hay que modernizarse. Claro que lo que más me gusta a mí son mis sonetos.

TÍA.—¡A las nueve musas del Parnaso!

MARTÍN.—A las diez, a las diez. ¿No se acuerda usted que nombré décima musa a Rosita?

AMA.—*(Entrando.)* Señora, ayúdeme usted a doblar esta sábana. *(Se ponen a doblarla entre las dos.)* ¡Don Martín con su pelito rojo! ¿Por qué no se casó, hombre de Dios? ¡No estaría tan solo en esta vida!

MARTÍN.—¡No me han querido!

AMA.—Es que ya no hay gusto. ¡Con la manera de hablar tan preciosa que tiene usted!

TÍA.—¡A ver si lo vas a enamorar!

MARTÍN.—¡Que pruebe!

AMA.—Cuando él explica en la sala baja del colegio, yo voy a la carbonería para oírlo: «¿Qué es idea?». «La representación intelectual de una cosa o un objeto.» ¿No es así?

MARTÍN.—¡Mírenla! ¡Mírenla!

AMA.—Ayer decía a voces: «No; ahí hay hipérbaton», y luego... «el epinicio[62]»... A mí me gustaría entender,

---

[62] *epinicio*: composición clásica griega consistente en un himno triunfal o canto de victoria.

pero como no entiendo me dan ganas de reír, y el carbonero que siempre está leyendo un libro que se llama *Las ruinas de Palmira*, me echa unas miradas como si fueran dos gatos rabiosos. Pero aunque me ría, como ignorante, comprendo que don Martín tiene mucho mérito.

MARTÍN.—No se le da hoy mérito a la Retórica y Poética, ni a la cultura universitaria. *(Sale el* AMA *rápida con la sábana doblada.)*

TÍA.—¡Qué le vamos a hacer! Ya nos queda poco tiempo en este teatro.

MARTÍN.—Y hay que emplearlo en la bondad y en el sacrificio. *(Se oyen voces.)*

TÍA.—¿Qué pasa?

AMA.—*(Apareciendo.)* Don Martín, que vaya usted al colegio, que los niños han roto con un clavo las cañerías y están todas las clases inundadas.

MARTÍN.—Vamos allá. Soñé con el Parnaso y tengo que hacer de albañil y fontanero. Con tal de que no me empujen o resbale... *(El* AMA *ayuda a levantarse a* DON MARTÍN. *Se oyen voces.)*

AMA.—¡Ya va...! ¡Un poco de calma! ¡A ver si el agua sube hasta que no quede un niño vivo!

MARTÍN.—*(Saliendo.)* ¡Bendito sea Dios!

TÍA.—Pobre, ¡qué sino el suyo!

AMA.—Mírese en ese espejo. Él mismo se plancha los cuellos y cose sus calcetines, y cuando estuvo enfermo, que le llevé las natillas, tenía una cama con unas sábanas que tiznaban como el carbón y unas paredes y un lavabillo..., ¡ay!

TÍA.—¡Y otros, tanto!

AMA.—Por eso siempre diré: ¡Malditos, malditos sean los ricos! ¡No quede de ellos ni las uñas de las manos!

TÍA.—¡Déjalos!

AMA.—Pero estoy segura que van al infierno de cabeza. ¿Dónde cree usted que estará don Rafael Salé, explotador de los pobres, que enterraron anteayer (Dios lo haya perdonado) con tanto cura y tanta monja y tango gori-gori [63]? ¡En el infierno! Y él dirá: «¡Que tengo veinte millones de pesetas, no me apretéis con las tenazas! ¡Os doy cuarenta mil duros si me arrancáis estas brasas de los pies!»; pero los demonios, tizonazo por aquí, tizonazo por allá, puntapié que te quiero, bofetadas en la cara, hasta que la sangre se le convierta en carbonilla.

TÍA.—Todos los cristianos sabemos que ningún rico entra en el reino de los cielos, pero a ver si por hablar de ese modo vas a parar también al infierno de cabeza.

AMA.—¿Al infierno yo? Del primer empujón que le doy a la caldera de Pedro Botero, hago llegar el agua caliente a los confines de la tierra. No, señora, no. Yo entro en el cielo a la fuerza. *(Dulce.)* Con usted. Cada una en una butaca de seda celeste que se meza ella sola, y unos abanicos de raso grana. En medio de las dos, en un columpio de jazmines y matas de romero, Rosita meciéndose y detrás su marido cubierto de rosas como

---

[63] *gori-gori*: expresión burlesca popular con la que se imita el canto gregoriano.

salió en su caja de esa habitación; con la misma sonrisa, con la misma frente blanca como si fuera de cristal, y usted se mece así, y yo así, y Rosita así, y detrás el Señor tirándonos rosas como si las tres fuéramos un paso de nácar lleno de cirios y caireles.

TÍA.—Y los pañuelos para las lágrimas que se queden aquí abajo.

AMA.—Eso, que se fastidien. Nosotras, ¡juerga celestial!

TÍA.—¡Porque ya no nos queda una sola dentro del corazón!

OBRERO 1.º—Ustedes dirán [64].

AMA.—Vengan. *(Entran. Desde la puerta.)* ¡Ánimo!

TÍA.—¡Dios te bendiga! *(La* TÍA *se sienta lentamente. Aparece* ROSITA *con un paquete de cartas en la mano. Silencio.)*

TÍA.—¿Se han llevado ya la cómoda?

ROSITA.—En este momento. Su prima Esperanza mandó un niño por un destornillador.

TÍA.—Estarán armando las camas para esta noche. Debimos irnos temprano y haber hecho las cosas a nuestro gusto. Mi prima habrá puesto los muebles de cualquier manera.

ROSITA.—Pero yo prefiero salir de aquí con la calle a oscuras. Si me fuera posible apagaría el farol. De todos modos las vecinas estarán acechando. Con la

---

[64] El Obrero no es anunciado por acotación alguna. Así, en todas las ediciones consultadas.

mudanza ha estado todo el día la puerta llena de chiquillos como si en la casa hubiera un muerto.

Tía.—Si yo lo hubiera sabido no hubiese consentido de ninguna manera que tu tío hubiera hipotecado la casa con muebles y todo. Lo que sacamos es lo sucinto, la silla para sentarnos y la cama para dormir.

Rosita.—Para morir.

Tía.—¡Fue buena jugada la que nos hizo! ¡Mañana vienen los nuevos dueños! Me gustaría que tu tío nos viera. ¡Viejo tonto! Pusilánime para los negocios. ¡Chalado de las rosas! ¡Hombre sin idea del dinero! Me arruinaba cada día. «Ahí está fulano»; y él: «Que entre», y entraba con los bolsillos vacíos y salía con ellos rebosando plata, y siempre: «Que no se entere mi mujer». ¡El manirroto! ¡El débil! Y no había calamidad que no remediase..., ni niños que no amparara porque..., porque... tenía el corazón más grande que hombre tuvo..., el alma cristiana más pura...; no, no, ¡cállate, vieja! ¡Cállate, habladora, y respeta la voluntad de Dios! ¡Arruinadas! Muy bien, y ¡silencio!; pero te veo a ti...

Rosita.—No se preocupe de mí, tía. Yo sé que la hipoteca la hizo para pagar mis muebles y mi ajuar, y esto es lo que me duele.

Tía.—Hizo bien. Tú lo merecías todo. Y todo lo que se compró es digno de ti y será hermoso el día que lo uses.

Rosita.—¿El día que lo use?

Tía.—¡Claro! El día de tu boda.

Rosita.—No me haga usted hablar.

TÍA.—Ese es el defecto de las mujeres decentes de estas tierras. ¡No hablar! No hablamos y tenemos que hablar. *(A voces.)* ¡Ama! ¿Ha llegado el correo?

ROSITA.—¿Qué se propone usted?

TÍA.—Que me veas vivir, para que aprendas.

ROSITA.—*(Abrazándola.)* Calle.

TÍA.—Alguna vez tengo que hablar alto. Sal de tus cuatro paredes, hija mía. No te hagas a la desgracia.

ROSITA.—*(Arrodillada delante de ella.)* Me he acostumbrado a vivir muchos años fuera de mí, pensando en cosas que estaban muy lejos, y ahora que estas cosas ya no existen sigo dando vueltas y más vueltas por un sitio frío, buscando una salida que no he de encontrar nunca. Yo lo sabía todo. Sabía que se había casado; ya se encargó un alma caritativa de decírmelo; y he estado recibiendo sus cartas con una ilusión llena de sollozos que aun a mí misma me asombraba. Si la gente no hubiera hablado; si vosotras no lo hubierais sabido; si no lo hubiera sabido nadie más que yo, sus cartas y su mentira hubieran alimentado mi ilusión como el primer año de su ausencia. Pero lo sabían todos y yo me encontraba señalada por un dedo que hacía ridícula mi modestia de prometida y daba un aire grotesco a mi abanico de soltera. Cada año que pasaba era como una prenda íntima que arrancaran de mi cuerpo. Y hoy se casa una amiga y otra y otra, y mañana tiene un hijo y crece, y viene a enseñarme sus notas de examen, y hacen casas nuevas y canciones nuevas, y yo igual, con el mismo temblor, igual; yo, lo mismo que antes, cortando el mismo clavel, viendo las mismas nubes; y un día bajo al paseo y me doy cuenta de que no conozco a nadie; muchachos y muchachas me dejan atrás porque me canso, y uno dice: «Ahí está la solterona», y otro, hermoso, con la cabeza rizada, que comenta: «A esa ya no hay quien le clave el diente». Y yo lo oigo y no puedo gritar, sino vamos adelante, con la boca llena de veneno y con unas ganas enormes de huir, de quitarme los zapatos, de descansar y no moverme más, nunca, de mi rincón.

TÍA.—¡Hija! ¡Rosita!

ROSITA.—Ya soy vieja. Ayer le oí decir al Ama que todavía podía yo casarme. De ningún modo. No lo pienses. Ya perdí la esperanza de hacerlo con quien quise con toda mi sangre, con quien quise y... con quien quiero. Todo está acabado... y, sin embargo, con toda la ilusión perdida, me acuesto, y me levanto con el más terrible de los sentimientos, que es el sentimiento de tener la esperanza muerta. Quiero huir, quiero no ver, quiero quedarme serena, vacía... (¿es que no tiene derecho una pobre mujer a respirar con libertad?). Y, sin embargo, la esperanza me persigue, me ronda, me muerde; como un lobo moribundo que apretara sus dientes por última vez.

TÍA.—¿Por qué no me hiciste caso? ¿Por qué no te casaste con otro?

ROSITA.—Estaba atada, y además, ¿qué hombre vino a esta casa sincero y desbordante para procurarse mi cariño? Ninguno.

TÍA.—Tú no les hacías ningún caso. Tú estabas encelada por un palomo ladrón.

ROSITA.—Yo he sido siempre seria.

Tía.—Te has aferrado a tu idea sin ver la realidad y sin tener caridad de tu porvenir.

Rosita.—Soy como soy. Y no me puedo cambiar. Ahora lo único que me queda es mi dignidad. Lo que tengo por dentro lo guardo para mí sola.

Tía.—Eso es lo que yo no quiero.

Ama.—*(Saliendo de pronto.)* ¡Ni yo tampoco! Tú hablas, te desahogas, nos hartamos de llorar las tres y nos repartimos el sentimiento.

Rosita.—¿Y qué os voy a decir? Hay cosas que no se pueden decir porque no hay palabras para decirlas; y si las hubiera, nadie entendería su significado. Me entendéis si pido pan y agua y hasta un beso, pero nunca me podríais ni entender ni quitar esta mano oscura que no sé si me hiela o me abrasa el corazón cada vez que me quedo sola.

Ama.—Ya está diciendo algo.

Tía.—Para todo hay consuelo.

Rosita.—Sería el cuento de nunca acabar. Yo sé que los ojos los tendré siempre jóvenes, y sé que la espalda se me irá curvando cada día. Después de todo, lo que me ha pasado les ha pasado a mil mujeres. *(Pausa.)* Pero ¿por qué estoy yo hablando todo esto? *(Al Ama.)* Tú, vete a arreglar cosas, que dentro de unos momentos salimos de este carmen; y usted, tía, no se preocupe de mí. *(Pausa. Al Ama.)* ¡Vamos! No me agrada que me miréis así. Me molestan esas miradas de perros fieles. *(Se va el Ama.)* Esas miradas de lástima que me perturban y me indignan.

Tía.—Hija, ¿qué quieres que yo haga?

ROSITA.—Dejadme como cosa perdida. *(Pausa. Se pasea.)* Ya sé que se está usted acordando de su hermana la solterona..., solterona como yo. Era agria y odiaba a los niños y a toda la que se ponía un traje nuevo..., pero yo no seré así. *(Pausa.)* Le pido perdón.

TÍA.—¡Qué tontería! *(Aparece por el fondo de la habitación un* MUCHACHO *de dieciocho años.)*

ROSITA.—Adelante.

MUCHACHO.—Pero ¿se mudan ustedes?

ROSITA.—Dentro de unos minutos. Al oscurecer.

TÍA.—¿Quién es?

ROSITA.—El hijo de María.

TÍA.—¿Qué María?

ROSITA.—La mayor de las tres manolas.

TÍA.—¡Ah!

> Las que suben a la Alhambra
> las tres y las cuatro solas.

Perdona, hijo, mi mala memoria.

MUCHACHO.—Me ha visto usted muy pocas veces.

TÍA.—Claro, pero yo quería mucho a tu madre. ¡Qué graciosa era! Murió por la misma época que mi marido.

ROSITA.—Antes.

MUCHACHO.—Hace ocho años.

ROSITA.—Y tiene la misma cara.

MUCHACHO.—*(Alegre.)* Un poquito peor. Yo la tengo hecha a martillazos.

TÍA.—Y las mismas salidas; ¡el mismo genio!

MUCHACHO.—Pero claro que me parezco. En carnaval me puse un vestido de mi madre..., un vestido del año de la nana, verde...

ROSITA.—*(Melancólica.)* Con lazos negros... y bullones [65] de seda verde nilo.

MUCHACHO.—Sí.

ROSITA.—Y un gran lazo de terciopelo en la cintura.

MUCHACHO.—El mismo.

ROSITA.—Que cae a un lado y otro del polisón [66].

MUCHACHO.—¡Exacto! ¡Qué disparate de moda! *(Se sonríe.)*

ROSITA.—*(Triste.)* ¡Era una moda bonita!

MUCHACHO.—¡No me diga usted! Pues bajaba yo muerto de risa con el vejestorio puesto, llenando todo el pasillo de la casa de olor de alcanfor, y de pronto mi tía se puso a llorar amargamente porque decía que era exactamente igual que ver a mi madre. Yo me impresioné, como es natural, y dejé el traje y el antifaz sobre mi cama.

ROSITA.—Como que no hay cosa más viva que un recuerdo. Llegan a hacernos la vida imposible. Por eso yo comprendo muy bien a esas viejecillas borrachas que van por las calles queriendo borrar el mundo, y se sientan a cantar en los bancos del paseo.

TÍA.—¿Y tu tía la casada?

---

[65] *bullones*: adornos en forma de bultos huecos que se hacen en los vestidos. Ese y otros detalles nos recuerdan las «mangas de jamón» que llevaba Rosita en el primer acto y, en general, la vestimenta de los actos anteriores.

[66] *polisón*: armazón que se ponía bajo la falda para ahuecarla.

MUCHACHO.—Escribe desde Barcelona. Cada vez menos.

ROSITA.—¿Tiene hijos?

MUCHACHO.—Cuatro. *(Pausa.)*

AMA.—*(Entrando.)* Deme usted las llaves del armario. *(La* TÍA *se las da. Por el* MUCHACHO.*)* Aquí, el joven, iba ayer con su novia. Los vi por la Plaza Nueva. Ella quería ir por un lado y él no la dejaba. *(Ríe.)*

TÍA.—¡Vamos con el niño!

MUCHACHO.—*(Azorado.)* Estábamos de broma.

AMA.—¡No te pongas colorado! *(Saliendo.)*

ROSITA.—¡Vamos, calla!

MUCHACHO.—¡Qué jardín más precioso tienen ustedes!

ROSITA.—¡Teníamos!

TÍA.—Ven, y corta unas flores.

MUCHACHO.—Usted lo pase bien, doña Rosita.

ROSITA.—¡Anda con Dios, hijo! *(Salen. La tarde está cayendo.)* ¡Doña Rosita! ¡Doña Rosita!

> Cuando se abre en la mañana
> roja como sangre está.
> La tarde la pone blanca
> con blanco de espuma y sal.
> Y cuando llega la noche
> se comienza a deshojar.

(Pausa.)

AMA.—*(Sale con un chal.)* ¡En marcha!

ROSITA.—Sí, voy a echarme un abrigo.

AMA.—Como he descolgado la percha, lo tienes enganchado en el tirador de la ventana. *(Entra la* SOL-

TERONA 3.ª, *vestida de oscuro, con un velo de luto en la cabeza y la pena que se llevaba en el año doce. Hablan bajo.)*

SOLTERONA 3.ª—¡Ama!

AMA.—Por unos minutos nos encuentra aquí.

SOLTERONA 3.ª—Yo vengo a dar una lección de piano que tengo aquí cerca y me llegué por si necesitaban ustedes algo.

AMA.—¡Dios se lo pague!

SOLTERONA 3.ª—¡Qué cosa más grande!

AMA—Sí, sí, pero no me toque usted el corazón, no me levante la gasa de la pena, porque yo soy la que tiene que dar ánimos en este duelo sin muerto que está usted presenciando.

SOLTERONA 3.ª—Yo quisiera saludarlas.

AMA.—Pero es mejor que no las vea. ¡Vaya por la otra casa!

SOLTERONA 3.ª—Es mejor. Pero si hace falta algo, ya sabe que en lo que pueda, aquí estoy yo.

AMA.—¡Ya pasará la mala hora! *(Se oye el viento.)*

SOLTERONA 3.ª—¡Se ha levantado un aire!

AMA.—Sí. Parece que va a llover. *(La* SOLTERONA 3.ª *se va.)*

TÍA.—Como siga este viento, no va a quedar una rosa viva. Los cipreses de la glorieta casi tocan las paredes de mi cuarto. Parece como si alguien quisiera poner el jardín feo para que no tuviésemos pena de dejarlo.

AMA.—Como precioso, precioso, no ha sido nunca. ¿Se ha puesto su abrigo? Y esta nube. Así, bien tapada. *(Se lo pone.)* Ahora, cuando lleguemos, tengo la comida hecha. De postre, flan. A usted le gusta. Un flan dorado como una clavelina. *(El* AMA *habla con la voz velada por una profunda emoción. Se oye un golpe.)*

TÍA.—Es la puerta del invernadero. ¿Por qué no la cierras?

AMA.—No se puede cerrar por la humedad.

TÍA.—Estará toda la noche golpeando.

AMA.—¡Como no la oiremos...! *(La escena está en una dulce penumbra de atardecer.)*

TÍA.—Yo sí. Yo sí la oiré.

(Aparece ROSITA. *Viene pálida, vestida de blanco, con un abrigo hasta el filo del vestido.)*

AMA.—*(Valiente.)* ¡Vamos!

ROSITA.—*(Con voz débil.)* Ha empezado a llover. Así no habrá nadie en los balcones para vernos salir.

TÍA.—Es preferible.

ROSITA.—*(Vacila un poco, se apoya en una silla y cae sostenida por el* AMA *y la* TÍA *que impiden su total desmayo.)*

Y cuando llega la noche
se comienza a deshojar.

(Salen y a su mutis queda la escena sola. Se oye golpear la puerta. De pronto se abre un balcón del fondo y las blancas cortinas oscilan con el viento.)

TELÓN